看盘
方法与技巧
一本通

老牛 ◎ 著

中国华侨出版社

图书在版编目（CIP）数据

看盘方法与技巧一本通 / 老牛著. -- 北京：中国华侨出版社，2016.8（2024.4重印）
ISBN 978-7-5113-6260-5

Ⅰ. ①看… Ⅱ. ①老… Ⅲ. ①股票交易－基本知识 Ⅳ. ①F830.91

中国版本图书馆CIP数据核字(2016)第207832号

● **看盘方法与技巧一本通**

著　　者 / 老　牛
选题策划 / 竹石文化
责任编辑 / 高文喆
责任校对 / 孙　丽
装帧设计 / 润和佳艺
经　　销 / 新华书店
开　　本 / 710毫米×1000毫米　　1/16　　印张 / 14.5　　字数 / 232千字
印　　刷 / 唐山市铭诚印刷有限公司
版　　次 / 2016年12月第1版
印　　次 / 2024年4月第9次印刷
书　　号 / ISBN 978-7-5113-6260-5
定　　价 / 35.00元

中国华侨出版社　　北京市朝阳区西坝河东里77号楼底商5号　　邮编：100028
发行部：(010) 64443051　　　　　传　真：(010) 64439708
网　　址：www.oveaschin.com　　E-mail：oveaschin@sina.com

如果发现印装质量问题，影响阅读，请与印刷厂联系调换。

前言

　　股市新人，以及具备一定炒股经验的投资者，怎样才能成功晋级为炒股达人，将股市变成你的"取款机"，实现财富的保值增值，甚至演绎像巴菲特、林园等人那样的炒股创富神话？

　　据统计，在当下和未来，以股票为代表的有价证券正在成为人们财富的一个重要象征，也就是我们常说的"资产证券化"。可以说，不懂股票，不能够熟谙股市那些事儿，不会看盘，那么来自股市的财富盛宴也就与你无关了。

　　每次打开一个炒股软件，软件界面上就会呈现出花花绿绿的蜡烛图、柱状图、线图等图形，以及大量的文字、代号和数据，这一系列表象背后，告诉了我们什么样的道理，又暗示着什么样的信息？

　　每次走进证券交易市场，看着那些让人一时不知如何是好的图形和数据信息，我们该怎样做？股价跌宕起伏，股市消息一个接着一个，机会与风险并存于股市，我们究竟该什么时候入市，又该怎样入市？

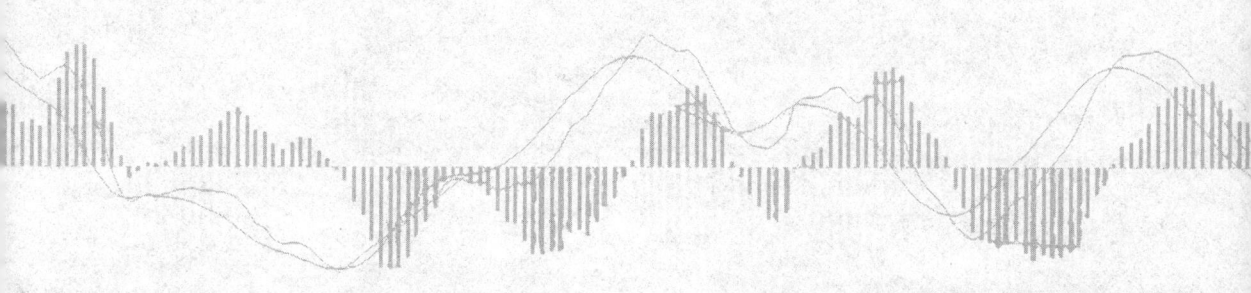

前言

为什么有的人看盘只看了几年，每年就可以获利多则数百万元以上，少则保持本金的年增值率在15%以上，实现了财富的稳健保值增值，而有的人却一再被套，甚至连本金都保不住？

同样是看盘，为什么会有如此大的差距？

答案很简单，关键在于你是否真正学会了看盘。实际上，看盘时，不仅需要具备大量的投资专业知识，还要熟悉各种指标，只有对盘口信息产生深刻的认识，才有可能通过现象看透本质。所以，看盘是个技术活，甚至可以说是种知识密集型的劳动。

看盘的艺术在于它本身所蕴含的元素是有数的，但这些元素的组合，却可以生成无数种现象，每种现象当中都隐含着机会与风险。比如，我们每次看到的盘面，其实都是一种现象，这种现象究竟意味着什么，传递出什么样的信息？可以说，看盘，其实是在与股市进行某种方式的沟通与交流。

从世界范围来看，股市的产生时间已经有400多年；从我国股市来看，则有30余年。目前，我国股民数量已逾1亿，股票投资也成为人们投资活动中的一个重要选择。在炒股时，看盘可谓一项重要的日常工作。

实际上，股市是一个利益的竞技场，既有多空双方的博弈，也有投资者心理与智慧的较量。每一个回合的博弈与较量，都一一

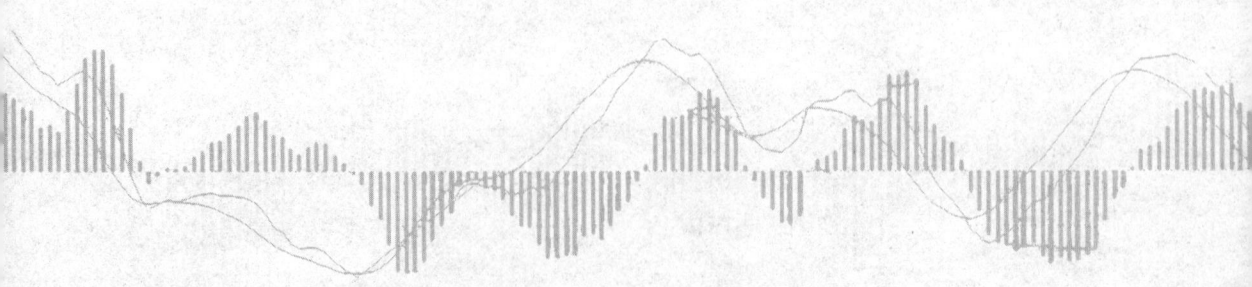

地写在盘面上。作为投资者，需要从即时的盘口信息中发现主力的操盘计划和运作思路，从而及时调整自己的操盘策略，通过短线、中线、波段、阶段性与主力共进退，以获取最大的利益。

看盘时，投资者会遇到各种各样的问题。我们不妨仅以开盘为例，单就开盘而言，就有高开、低开和平开之分，即便开盘方式一样，此后的走势也会有显著不同。面对这些现象，投资者又该如何应对？

此外，股价突然放量上涨说明了什么问题，投资者应该采取什么样的操盘策略？是应该买进还是卖出？股价缩量下跌又说明了什么问题，投资者又该怎么办？实际上，这些问题还只是冰山一角。

其实，这些年来笔者一直在思考一件事情，那就是创作一本这样的书籍——它既能帮助读者打下扎实的炒股看盘基础，又能引领读者一步步地完成看盘实战，不仅能够"授人以鱼"，还能够"授人以渔"，从而帮助读者培养一种专属于自己的看盘能力。

任何能力的形成，都离不开理论与实践的结合，甚至反复地结合，有如看盘当中的"复盘"，所以，笔者真诚地希望为读者朋友提供一条快速掌握看盘本领的学习路径。

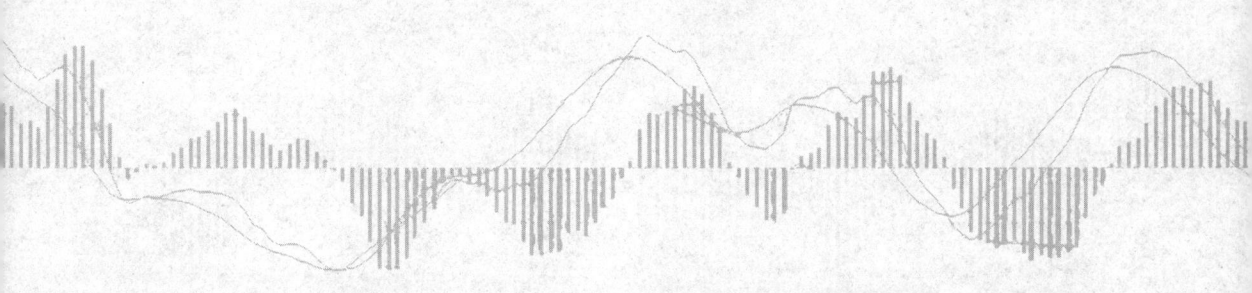

为了实现这个梦想，在多年的炒股看盘实践中，笔者不断地积累和总结经验与教训，最终创作出这本书。

本书采用系统性的思维，通过由浅入深、层层深入的阐述方式，以及通俗易懂的图例分析，使得读者在阅读时，能够快速地领会和掌握看盘重点，培养起扎实的看盘能力，从而为成长为投资专家打下基础。

本书的附录包括股市常用术语、五张主要的盘口图、看盘口诀、常用的炒股软件简介，及"民间股神"林园从8000元的本钱剧增到20亿元的激动人心的经验分享等。总的来说，本书体系完备，结构完整，内容丰富，实用性强，只要读者在阅读的过程中用心揣摩，注重结合实践，相信一定能在股市中实现掘金梦想，在投资领域取得显著的进步。

最后，由于本人水平有限，书中不足之处在所难免，诚请读者批评与指正，谢谢！

老牛

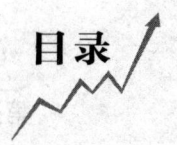

目录

第一章 看大盘，炒个股

影响大盘涨跌的因素　　002
迅速判断当日大盘强弱　　006
大盘与个股的关系　　009
发现领涨板块和龙头股　　013
中小板和创业板分析　　016
避免"只赚指数不赚钱"　　020

第二章 关注开盘与收盘

看懂集合竞价　　024
开盘时的看盘技巧　　028
盘中看盘技巧　　033
收盘时的看盘要点　　037
解析尾盘急拉和跳水　　041

第三章　成交量和股价分析

成交量与股价趋势　　　　　　　046
放量下跌与缩量上涨　　　　　　050
掌握量价理论　　　　　　　　　053
识破成交量陷阱的方法　　　　　058
在量价变化中把握赚钱时机　　　063

第四章　看懂主力，擒住大牛

详解主力和庄家　　　　　　　　068
快速识别主力进场　　　　　　　071
主力洗盘与出货　　　　　　　　074
详述主力吸筹与拉升　　　　　　078
几招识破庄家的炒作技巧　　　　081
成功跟庄的技巧　　　　　　　　084

第五章　涨跌停板巧操盘

何为涨停板与跌停板　　　　　　094
识别涨停板的类型与信号　　　　098

一眼看穿真假涨停	102
如何操盘涨停板	105
跌停板的操盘技巧	109

第六章　新股上市分析

新股上市的第一天	114
选对新股，成功一半	118
新股炒作技巧	121
怎样炒作次新股	125
哪些新股不宜炒作	128

第七章　规避看盘误区

只看盘内，不看盘外	132
错误的看盘心态	136
过于在意股价的短期波动	139
形而上地分析盘面	142
牛市一定赚，熊市一定赔	148

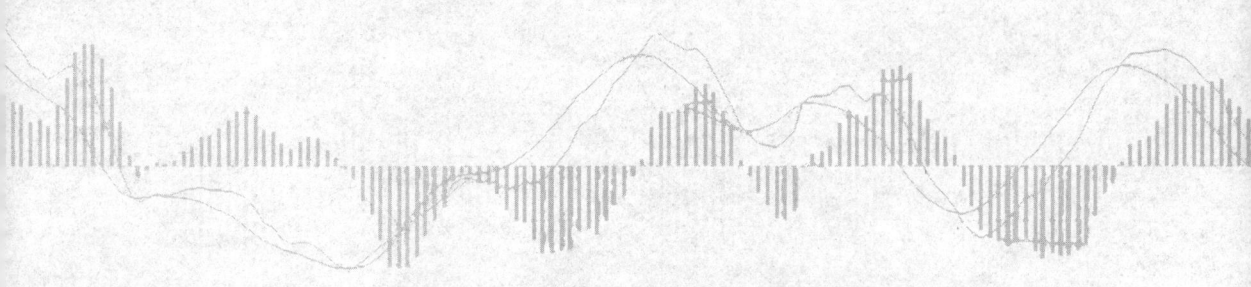

第八章　晋升看盘高手

股市修炼：从股盲到股神　152
洞悉股市的游戏规则　155
盘感需要训练　158
高手的底线是保住本金　161
长线布局，笑到最后　164

附录

股市常用术语　167
活学活用五张图　198
炒股看盘口诀　210
林园的炒股神话　212

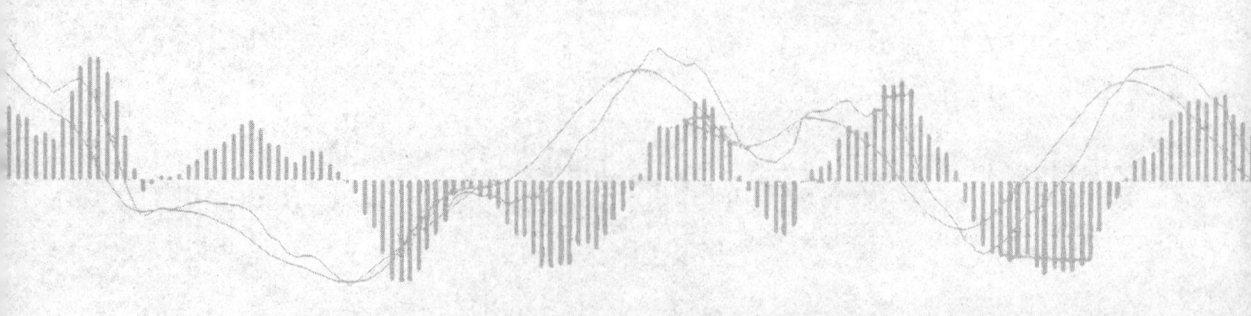

第一章
看大盘，炒个股

所谓"大盘"，是大盘指数的简称，它是由所有股票的价格通过加权平均得到的；所谓"个股"，是一种无偿还期限的有价证券，按股票持有者可以分为国家股、法人股、个人股三种，其中，个人股的投资资金来自个人，可以自由上市流通。一般来说，个股的价格会对大盘产生影响，而大盘则是所有股票价格的综合体现，大盘与个股是息息相关的。

通常情况下，大盘是综合了个股走势而产生的，体现的是整个市场的运行状态。投资者在操作个股时，需要参考大盘，进而了解市场的人气和经济运行的大趋势。所以，一方面是个股走势决定了大盘的走势，另一方面是大盘走势影响了个股走势。投资者在操作个股的时候，一定要懂得如何看大盘。

影响大盘涨跌的因素

在股市行情的变化中，大盘行情与个股行情、板块行情一样，会受到投资者的密切关注。中国的股市目前有上海证券交易所（称为"沪市"）和深圳证券交易所（称为"深市"），因此，我们所称的"大盘"通常指沪市的"上证综合指数"和深市的"深证成分股指数"，它们是反映股市总体价格或某类股价变动和走势的重要指标。

一般来说，大盘行情的涨跌变化是有原因的，投资者能够洞悉这些影响因素的变化，有助于理解和预测大盘涨跌的深层次含义。影响大盘涨跌的因素，通常有如下几种：

1. 政策变化

政策有很多种，如国家宏观政策、行业政策、地区政策，以及金融、财税、投资、物价、资源、环保、结构调整、产业布局、资产重组、体制改革等专项政策。每一项政策的出台，都将对大盘走势，乃至个股、板块带来或大或小、或早或晚、或长或短、或正面或负面的影响。按照政策的出台时间，可以把政策划分为现实政策和潜在政策。对于希望敏锐洞察政策走向的投资者来说，不仅要了解现实政策，关注潜在政策也很重要。

2. 供求变化

在股市上，股票价格既决定于股票价值，也决定于供求关系。在股票价值和买方数量不变的情况下,卖方增加发行股票的数量,股票价格会倾向于下跌;卖方减少发行股票的数量,股票价格会倾向于上涨。比如,首发融资和增发融资扩容都能够造成卖方增加,送股转股增加也能够造成卖方增加。在股票价值和卖方数量不变的情况下,买方增加,股票价格上涨;买方减少,股票价格下跌。

3. 股价变化

在股市上,股价降低了,许多人就会倾向于买进;股价升高了,许多人就会倾向于卖出。这一买一卖又会引起股价的升降,升高了就再卖,降低了就再买,因而出现了无数的循环周期。无论是大盘走势,还是个股走势、板块走势,也无论是长期走势、中期走势还是短期走势,都存在着这种循环周期。

中国股市以低买高卖为盈利手段的短线投资者占大多数,所以这种由于股价变化而引起股价再次变化的频率很高,幅度也很大。对此,投资者要调整心态,客观看待股价变化,冷静分析股价变化的原因。

4. 舆论导向

各类股评文章是一种特殊的信息,其之所以"特殊",是因为加上了作者的主观认识。许多新闻报道,以及博客、论坛中的言论,更具有明显的倾向性。在股市中,各种具有倾向性的信息就构成了舆论导向,这种舆论导向势必影响股票投资者的思想与行为,从而在一定程度上引起股市的变化与大盘的涨跌。

5. 预测能力

股票投资是一门大学问,客观上需要投资者掌握很多的相关知识与信息,需要很强的预测能力。这里的"预测能力",主要指对大盘长期走势、大盘中期走势、大盘短期走势、板块长期走势、板块中期走势、板块短期走势、个股长期走势、个股中期走势、个股短期走势的综合预测能力。无论长线投资、中线投资还是短线投资,都应该具备这种综合预测能力。

在现实中，许多人由于缺乏预测能力，经常做出该买的股票却卖、该卖的股票却买，或该买的时机却卖、该卖的时机却买的错误投资决策，而这些错误投资决策必然导致大盘、板块或个股出现不正常的涨跌变化。对于投资者来说，应该培养和锻炼自己对大盘走势的预测能力。

6. 心理因素

心理因素是比预测能力更深一层的因素。通常来说，对行情走势的过分乐观或过分悲观，对某一板块或个股过分偏爱，对某种投资模式或操作技巧过分依赖等，都是心理不健康的表现。不健康的心理必然导致不理智的投资行为，而不理智的投资行为除了有害于自己，还必然给股市变化带来一定的负面影响。在某一时期、时段或时刻，大盘、板块或个股的涨跌往往给人一种莫名其妙的感觉，这种异常涨跌的源头，就是一部分投资者的不健康心理。

图1.1为2015年4月至同年12月期间上证指数的K线走势图：

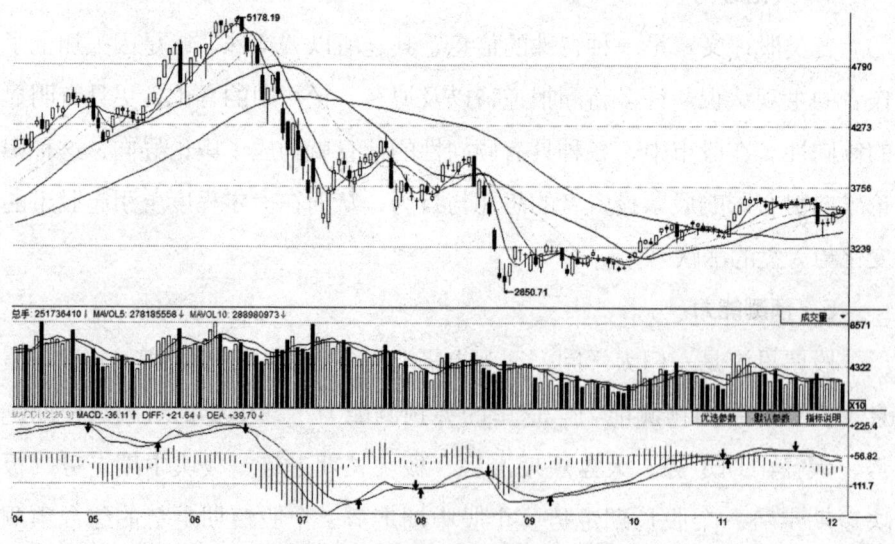

图1.1　上证指数的K线走势图

上图中，大盘指数的最高点为5178.19，最低点为2850.71。引起上证指数涨跌变化的因素，除了我们前文分析的六个，还有价值变化、信息传播是否及时等，这些因素交织在一起，共同影响着大盘的涨跌。

面对大盘走势或大或小、或急或缓的变化，投资者一定要善于做全面分析，从而将大盘涨跌作为自己投资决策的有益参考。

迅速判断当日大盘强弱

每天看盘时，投资者如何迅速看出当日的大盘强弱呢？有如下方法可供参考：

1. 从股指走势看大盘强弱

股票指数走势曲线的形状是大盘强弱的一个最直接体现。走势曲线上涨的视点越峻峭，表明多方主动攻击的心情越坚决，大盘也会趋强；反之，跌落的视点越陡，表明空方的兜售越猛，大盘也就越弱。当股指在成交量的配合下，上涨速度较快时，表明多方势头强而猛，大盘趋强；反之，当跌落速度较快时，表明空方力度强大，大盘趋弱。

另外，股指走势的波涛形状也能反映大盘的强弱。当股指在跌落一波之后反弹时，若反弹的高度不及跌落起伏的一半，而且股价又掉头向下，表明大盘归于弱势反弹；若反弹的高度接近跌落起伏的2/3，表明大盘有转强的迹象；若反弹的高度超越跌落起伏100%，则已是反转，表明多方已操控局势，大盘转强。反之，当股指在上涨一波之后回调时，若回调的起伏不及上涨高度的一半就掉头继续向上，表明多方依然操控局势，大盘属强势调整；若回调的起伏超越上涨高度的100%，表明大盘已开始转弱。

2. 从成交量看大盘强弱

成交量是股市涨跌的动力，成交量的扩大和减小常常意味着大盘强弱的变换。详细来说，当大盘处于缩量盘整时，多空两边处于交兵临界点；若成交量温文扩大，股价上涨，表明有新的资金入场，能量开始集合，大盘将转强，这种价升量增的价量关系是健康的。涨势晚期，当成交量创下天量却不能得以保持时，表明多头能量消耗过大，后期无法继续，大盘将盛极而衰，由强转弱。弱势市场中的价量关系多数是背离的，上涨无量，一跌就放量，表明出资者的心态不稳，甘愿跌时斩仓，难以做到升时追涨。

3. 从涨跌停个股的数量看大盘强弱

通常情况下，涨跌停板的数量最能够反映大盘的强弱。大盘处于强势时，涨停板（或涨幅超越7%的）个股的数量显著趋多。当数量增加到一定程度而不再增加时，表明大盘强势已尽，即将由强转弱；当涨幅榜前端见不到涨停板（或涨幅超越7%的）个股而榜尾却有许多跌停板（或跌幅超越7%的）个股时，表明大盘已显著处于弱势，众多投资者急于出局。

4. 从市场对利好或利空信息的反响看大盘强弱

大盘处于强势时，投资者心情乐观，见利好就欢呼雀跃，见利空则反响冷漠；极强势时甚至会表现为见利好大涨，见利空小涨，这是因为市场将此时的利空解释为"利空出尽即是利好"。大盘处于弱势时，投资者心情低落，对利好反响麻痹，易产生"逢高减磅"的思维，这是因为市场将此时的利好信息解释为"利好出尽即是利空"；对于利空，投资者的反应则十分灵敏，任何利空都可能变成大盘跌落的导火索。

5. 从市场对年度报告的反响看大盘强弱

企业成绩是对股价预期的重要依据。一般情况下，上市公司的年度报告（或中报）发布后，股票应该依据经营成绩的好坏重新排队定位次。如果经营成绩差的公司的股票跌落，经营成绩好的公司的股票却不涨，则表明大盘处于弱势之中，上市公司的经营成绩已经难以调动大家的积极性。上市公司的年度报告（或中报）发布后，成绩好的上涨，成绩差的却不跌，则表明大盘处于强势之中，众多投资者不仅不打算卖出手里的股票，甚至还在积极买进。年度报告（或中报）发布后，成绩好的跌落，成绩差的却上涨，这可能是主力资金停留在股市中的原因，表明大盘难有作为，个股行情还能够保持一段时间，这往往表明现有行情已到了后期。

图1.2为2016年9月16日上证指数的分时走势图：

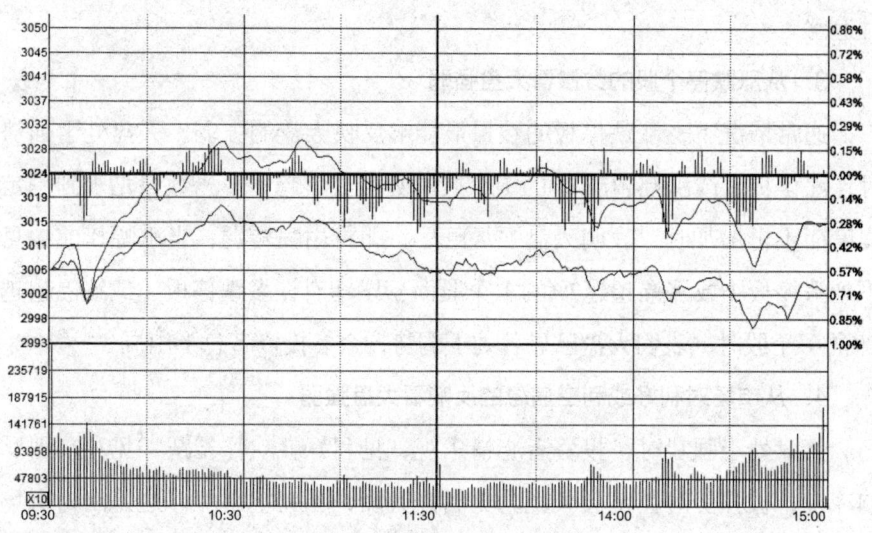

图1.2　上证指数的分时走势图

上图中，沪市从9∶30开盘，到15∶00收盘，这期间，上证指数有涨跌的变化；左侧的下部为成交量图，随着上证指数分时走势的变化，成交量也发生着一系列变化；上证指数开盘时为3008.90，收盘时为3002.85，当日下跌20.66，跌幅0.68%。

大盘与个股的关系

通常来说，大盘与个股趋势之间主要呈现一致与不一致两种形态。下面，我们通过案例分析，详细了解大盘与个股之间的一系列关系。

1. 个股与大盘同态

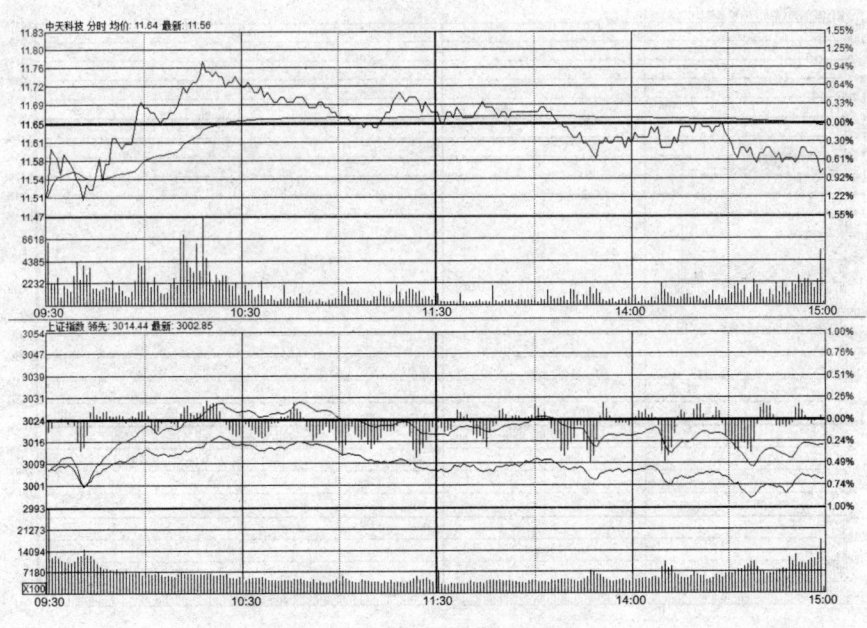

图1.3　个股与大盘同态示意图

一般来说，大盘是个股走势的总体反映。通常情况下，80%左右的个股会在某一时段呈现出与大盘相类似的走势曲线。在图1.3中，我们将中天科技（股票代码：600522）的股票走势与大盘的走势进行对照，很容易发现中天科技的走势与大盘走势高度相似。投资者在操作这类股票时，必须关注大盘走势，因为大盘的发展方向基本决定了个股的发展趋势。

2. 个股提前调整

一般来说，个股提前于大盘进行调整，分为两种情况，一是个股前期翻番后转入调整，二是个股的基本面出现问题导致个股提前进入调整期。如果大盘不佳，说明下跌的动能依然很足，即便个股提前调整，调整之后仍会与大盘走势保持一定程度上的同态。我们从图1.4中可以看出，皇氏集团（股票代码：002329）股票的调整频率明显高于大盘，两者的走势基本一致。

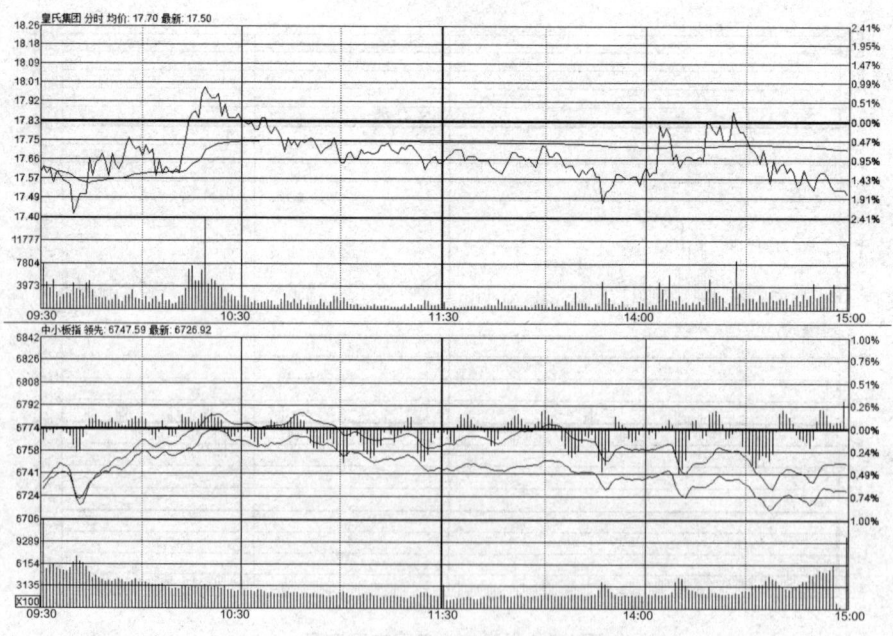

图1.4　个股提前于大盘进行调整示意图

3. 个股抗跌启动

所谓个股抗跌启动，是指在大盘走跌的情况下，个股不跌反涨的一种现象。

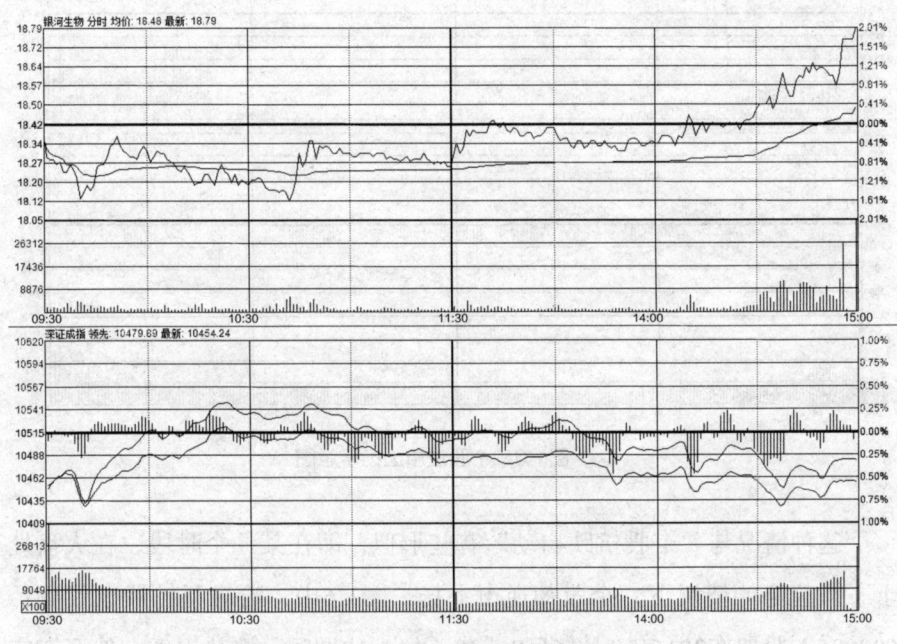

图1.5　个股抗跌启动示意图

图1.5中，大盘进入调整期，呈现下跌趋势，但是银河生物（股票代码：000806）股票却抗跌启动。这种情况下，通常存在主力护盘，因而即便大盘下跌，个股也未必下跌。具体操作时，投资者可以考虑采用短线思维，抓住获利时机，当机立断地买进或卖出。

4. 个股逆市上扬

个股逆市上扬也称为个股对抗大盘，一般来说，个股的前期走势与大盘基本一致，但在中间某个节点，当大盘下跌时，个股却表现出对抗大盘的现象，呈现出逆市上扬的姿态。

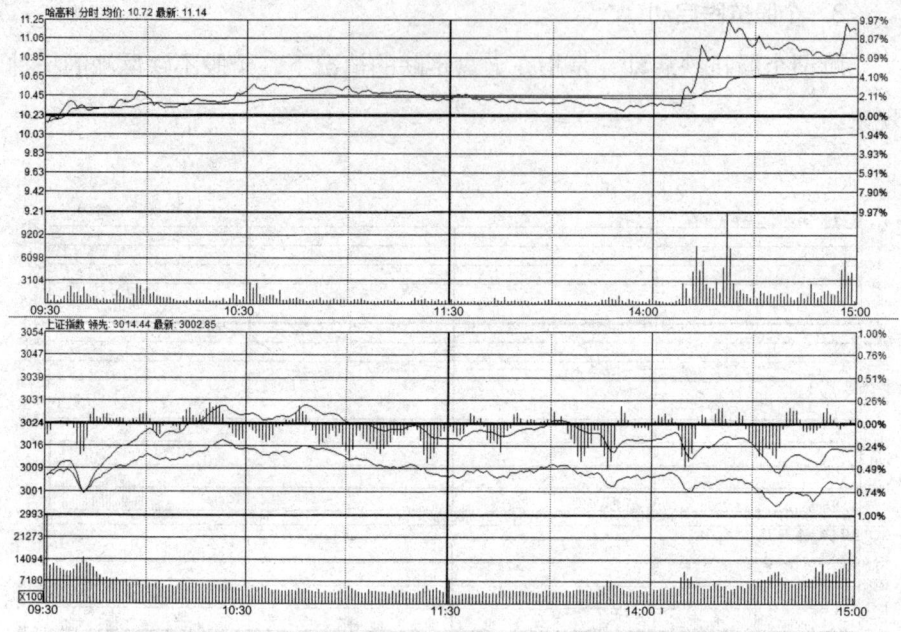

图1.6　个股逆市上扬示意图

这种情况与"个股抗跌启动"有些形似，即在某一个时段，在大盘处于下行趋势的情况下，个股却逆市上扬。图1.6中，哈高科（股票代码：600095）股票在2016年9月16日9：30～14：10期间，涨势迟缓，然而在庄家建仓、洗盘完毕后，强势放量，拉升在即；当日14：10开始，该股逆市上扬，明显呈对抗大盘的姿态。这种情况下，一般存在主力坐庄的因素，投资者应慎重。实际上的确如此，我们从上图中可以看到，临近收盘时，个股实时曲线突然又一路下跌至低位收盘。

总的来说，大盘有自身的轮回，个股也有自身的生命期，个股在准备时期通常表现为与大盘同态，一旦准备充分，可能就会改变弱势呈现强势等。一般情况下，前期庄家介入充分，培养了足量的跟风盘。也可以说，庄家介入充分是牛股发力的根本动因；跟风盘涉及主力拉高后出货出给谁的问题。投资者在看盘时，这些因素均应考虑到位。

发现领涨板块和龙头股

所谓股票板块,是指一些股票组成的群体,这些股票由于存在某一共同特征而被人为地归类在一起,这一特征往往是被股市"庄家"用来进行炒作的题材。股票板块的特征可以基于地理因素,如"江苏板块""浦东板块";可以基于业绩因素,如"绩优板块";可以基于上市公司经营行为方面的因素,如"购并板块";可以基于行业分类方面的因素,如"钢铁板块""科技板块""金融板块""房地产板块"等。总之,股票板块的名称可以来自于很多方面,只要其能够成为股市炒作的题材即可。

投资者在选择板块与个股时,能够及时判断出热点板块是一件很重要的事情。一般情况下,在热点板块的形成过程中,盘面上会呈现下列特征:

(1)股价波动连续增大。

(2)个股或整个板块成交量明显连续增加。

(3)某一板块的股价走势配合换手率的增加,开始由弱转强。大盘下跌时,个股和板块不跌;大盘上涨时,板块涨势超过大盘,该板块可能成为市场热点。

此外,在判断热点板块时,我们还可以注意这些方面:热点形成的过程就是主力资金介入的过程,热点形成时间较长,持续时间也会较长,或持续时间不长，但板块股价上升幅度较大；一般来说，股市不可能同时出现过多的热点板块，当新热点板块形成时，旧的热点板块将进行调整；在热点板块转移过程中，盘面往往会有一次较大的调整，主力资金机构随之调整持仓结构，出现换股等操作。

在热点板块中，尤为引起投资者关注的是领涨板块。顾名思义，领涨板块就是目前或者一段时间内处于上涨的某一类型股票的板块。对于投资者而言，选择板块时，能够选择领涨板块，显然有利于获利机会的增加。一般来说，领涨板块具备这些特征：

（1）在长期低迷的市场中率先底部放量，大笔主动性买盘不断出现在某股票的分时交易记录明细表中，该板块股票居涨幅榜前列，并刺激具备相似板块个股上扬，成交量大、成交金额呈价升量增走势，在资金流向记录明细表上居前列。

（2）市场评论开始关注某个领涨板，随着领涨板块股的上扬，评论也开始升温。

（3）领涨板块股启动之时，常常出现跳高开盘、迅速上扬，成交量短期暴增，买单很大并封住涨停的状况。

（4）市场投资者普遍持观望或怀疑态度。

（5）国家或地方出台政策倾斜利好措施或媒体集中报道某些政策或经济生活热点。

通常情况下，能够同时具备上述5个特征的板块，基本可以确定为领涨板块初步形成。在领涨板块初步形成之际，投资者要第一时间对领涨板块的龙头股进行快速锁定与买入。

所谓"龙头股"，是指某一时期内，在股票市场的炒作中对同行业板块的其他股票具有影响和号召力的股票，它的涨跌往往对其他同行业板块股票的涨跌起引导和示范作用。龙头股并非一成不变，它的地位往往只能维持一段时间。龙头股的5个常见特征如下：

（1）龙头个股必须同时满足日线KDJ、周线KDJ、月线KDJ同时出现低价金叉。

（2）龙头个股通常是低价的，一般不超过10元，因为高价股不具备炒作空间，不可能做龙头，只有低价股才能得到投资者追捧。

（3）龙头个股的流通市值要适中，适合大资金运作，大市值股票和小盘股都不可能充当龙头股。

（4）龙头个股通常在大盘下跌末端，市场恐慌时，逆市涨停，提前见底，或者先于大盘启动，并且经受得住大盘的一轮下跌考验。

（5）龙头个股一般需要从涨停板开始，不能涨停的股票难以成为龙头股。

总之，一个板块要成为一轮行情的领涨板块，内因是该板块的整体市场价值被低估，股价普遍偏低，这时，一旦主力资金积极流入，自然会率先推动该板块的股价领先大盘上扬。同时，个体投资者在发现领涨板块后，还需要能够选择其中的龙头股，从而在股市中实现利益最大化。

中小板和创业板分析

中小板块即中小企业板,是指流通盘大约在1亿元人民币以下的创业板块,是相对于主板市场而言的。一般来说,中小板市场是创业板向主板市场的一种过渡。2004年5月,经国务院批准,中国证监会批复同意深圳证券交易所在主板市场内设立中小企业板块。中国中小板的市场代码以002开头。

创业板又称二板市场(Second-board Market),即第二股票交易市场,专为暂时无法在主板上市的创业型企业、中小企业和高科技产业企业等需要进行融资和发展的企业提供融资途径和成长空间的证券交易市场。创业板市场最大的特点就是低门槛进入,严要求运作,有助于有潜力的中小企业获得融资机会。我国创业板的市场代码以300开头。

在此,我们系统地总结一下中国的资本市场体系:

表1.1 我国的资本市场体系

市场类型	成立时间	市场代码开头
主板市场	上交所,成立于1990年11月26日	600或601
	深交所,成立于1990年12月1日	000
中小板市场	位于深交所,成立于2004年5月	002

（续表）

市场类型	成立时间	市场代码开头
创业板市场	位于深交所，成立于2009年10月30日	300
三板市场	老三板（即"代办股份转让系统"），成立于2001年 新三板，成立于2006年	不详

其中，主板市场主要面向经营相对稳定、盈利能力较强的大型成熟企业；中小板主要面向进入成熟期，但规模较主板要小的中小企业；创业板主要面向尚处于成长期的创业型企业，以及国家政策重点支持的自主创新型企业；三板市场一方面为退市后的上市公司提供使其股份继续流通的场所，另一方面为全国性的非上市股份有限公司（主要是中小微型企业）提供股权交易平台。企业无论在哪种类型的资本市场上市，均须遵循《公司法》和《证券法》，只是在发行、上市及监管的具体法律规则上会有所区别。

另外，中小板市场是中国的特殊产物，也是中国构建多层次资本市场的重要举措。中小企业板市场和创业板市场的差异在于，中小企业板主要面向已符合现有上市标准、成长性好、科技含量较高、行业覆盖面较广的各类企业，之所以未能在主板上市，主要原因是规模较小。创业板市场则主要面向符合新规定的发行条件，但尚未达到现有上市标准的成长型、科技型以及创新型企业。也就是说，不够条件在主板和中小板上市的企业可以在创业板上市，可见，创业板在具有较高增长机会的同时，其风险也相对较大。

具体来说，企业在中小板上市，需具备的条件是：

（1）股本条件。发行前的股本总额不少于人民币3000万元；发行后的股本总额不少于人民币5000万元。

（2）财务条件。最近3个会计年度净利润均为正，且累计超过人民币

3000万元；最近3个会计年度经营活动产生的现金流量净额累计超过人民币5000万元，或最近3个会计年度营业收入累计超过人民币3亿元；最近一期的期末无形资产占净资产的比例不高于20%；最近一期的期末不存在未弥补亏损。

中小板市场的交易规则是：

（1）开盘。中小板的开盘价与主板市场开盘封闭式集合竞价不同，而是采取开放式集合竞价的方式进行。9：15~9：25开盘集合竞价，9：30~11：30和13：00~14：57连续竞价。另外，中小板在开盘集合竞价时，9：20~9：25期间，市场不接受撤单申报，其余时间都可接受撤单申报。

（2）收盘。中小企业板块股票的收盘价通过收盘前最后三分钟集合竞价的方式产生，收盘集合竞价不能产生收盘价的，以最后一笔成交为当日收盘价。每个交易日的14：57~15：00为中小企业板块收盘集合竞价的时间。这不同于主板市场证券的收盘价为当日该证券最后一笔交易前一分钟所有交易的成交量加权平均价。

中小企业板块股票交易的开盘价和收盘价产生方式上发生的变化，主要是为了增强交易本身的透明度，抑制投机，有利于保护投资者利益。

（3）停牌制度。中国中小板市场制定了具体的异常波动停牌制度，并规定了具体的停牌措施：日收盘价格涨跌幅偏离值达到±7%的前3只股票；日价格振幅达到15%的前3只股票；日换手率达到20%的前3只股票；异常波动、连续3个交易日内日收盘价格涨跌幅偏离值累计达到±20%的；ST（Special Treatment，特别处理，主要针对出现财务状况或其他状况异常的企业）股票连续3个交易日内日收盘价格涨跌幅偏离值累计达到±15%的等予以停牌。

另外，创业板股票的买卖规则是：

（1）创业板股票的交易单位为"股"，投资基金的交易单位为"份"。申报买入证券，数量应当为100股（份）或其整数倍，不足100股

（份）的证券，可以一次性申报卖出；证券的报价单位为"每股（份）价格"，"每股（份）价格"的最小变动单位为人民币0.01元。

（2）创业板证券实行价格涨跌幅限制，涨跌幅限制比例为10%。涨跌幅的价格计算公式为：

$$涨跌幅限制价格=（1±涨跌幅比例）×前一交易日收盘价$$

上述公式的计算结果采取四舍五入至人民币0.01元的规则。对于创业板证券上市的首日，不设涨跌幅限制。

总的来说，相对于主板市场的证券而言，中小板和创业板的证券具有更活跃的盈利机会，同时也面临相应的风险。投资者在操作中小板与创业板证券时，要加深对中小板与创业板的认识，从而准备把握中小板与创业板的行情走势，选择最适合投资的证券。

避免"只赚指数不赚钱"

在股市上,有的时候会出现大盘指数走势良好,甚至不断猛涨,然而股市中却有较大比例的个股行情下跌的情况。对于广大散户投资者而言,只是"赚了指数",却没赚到钱,甚至还亏损了。一般来说,投资者遭遇"只赚指数不赚钱"的现象,主要基于下述原因:

(1)过于悲观盲目地看空到底,结果踏空。很多时候,一些投资者并未从估值角度看待个股涨跌,而是跌后看跌、继续看空。这种在熊市培养出来的思维固守的结果,就是踏空此轮行情,而且会继续踏空。

比如,投资者本该大胆抄底,结果却自发销户,把筹码交给大户和机构,这便是因过度悲观而对市场失去信心的结果,这样会错过减亏甚至止损获利的机会。

(2)没有选对个股。这部分投资者在中长线投资中,没有从公司基本面、成长性和政策受益等角度入手,短中线又跟不上热点节奏,有时虽然抄了底,但持有或调仓后持有的品种是目前还未启动的冷门股,没有主力资金关照,所以只有长度没有高度,结果导致股价下挫。

(3)盲目追涨杀跌。中期趋势确立时,有些投资者顺应趋势操作,却未注意市场运行过程中存在一些短线波动或是中期回调。

比如,在市场冲到上升通道上轨或急拉产生背离时,投资者盲目追涨是不可取的，容易在高位被套或增加成本；而市场回落时，原本是低吸机会，投资者却又因为恐慌走势而提前杀跌出局。结果，这些投资者便未能盈利。

（4）没有坚持中期操作。一般来说，在一轮牛市里，能够真正赚钱的是那些在行情启动初期就及时抄底，然后适度调仓优化结构，再长期捂住牛股的人。

相对来说，很多散户投资者不具备短线操作的实战能力，却热衷于短线追涨杀跌，结果却在高位追进变冷的个股，快速被套时又不懂得及时止损调仓反而死守，结果错过了很多赚钱机会。

（5）节奏把握不好。有些投资者虽然能够坚持趋势操作，可在实战中却做反了。

比如，市场呈下降趋势时，投资者本来应该低吸加仓，结果却因看空而采取所谓的减仓和空仓观望策略；市场处于上涨初期时，有些投资者出于思维定式，认为是诱惑，反而放弃补仓的机会，在市场到了上涨末期时，却又盲目追高，结果只能哀叹"只赚指数不赚钱"。

（6）心态不稳。听信一些非理性恐慌言论就会影响自己正常的判断，导致缺少持股信心、不敢建仓、踏空或过早离场，结果不赚钱。

比如，在大盘指数1949点来临前后，本应抄底，却看空到1800点，结果一线踏空；再逼空2150点区间构筑进攻平台，又因盲目悲观而提前出局等。一般来说，以这种不稳定的心态去投资，往往很难在股市中赚到钱。

（7）缺少基本面研究和实战能力，这是投资者在股市里不赚钱的根本原因。很多投资者想进行价值投资，却不了解或不去了解上市公司的主营业务、财务指标、产品成长性和生命周期等数据，也不看政策影响；在做趋势交易时，又不考虑量价、趋势、形态组合、资金动向、周期和拐点、换手等诸多决定性的趋势因素，也不知从深层次分析为何而买、因何而卖，缺乏最基本的研究和实战能力，从而导致盲目操作。

基于此，在股市行情展开，尤其是中期行情出现后，投资者在做好充分准备的基础上，应坚持和尊重中期趋势，保持理性；出现短线调整时，要注意预防结构风险。实际上，道理很简单，只要投资者能静下心来，按照正常的策略进行操作，就一定可以避免"只赚指数不赚钱"。

第二章
关注开盘与收盘

开盘与收盘是股市中的两个重要概念。其中，开盘是指某种证券在证券交易所每个营业日的第一笔交易，第一笔交易的成交价即为当日的开盘价，按照上海证券交易所的规定，如果开市后半小时内某证券无成交，则以其前一天的收盘价为当日的开盘价；相应的，收盘价是指某种证券在证券交易所每个交易日里的最后一笔买卖的成交价格，如果某种证券当日没有成交，则采用最近一次的成交价作为收盘价。

投资者在看盘时，要能够洞悉开盘与收盘阶段的一系列含义，从而做出更好的投资决策。

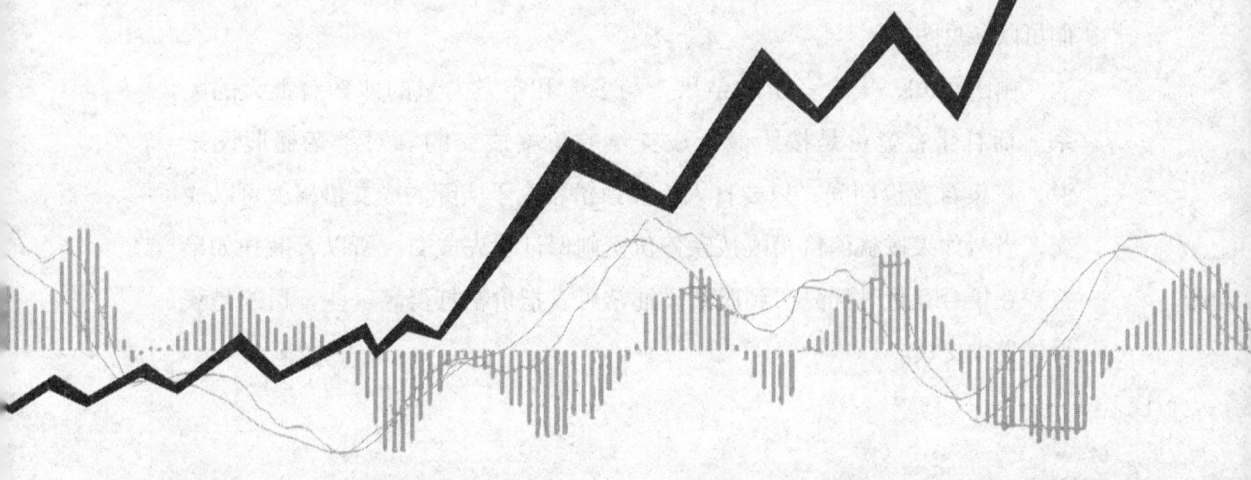

看懂集合竞价

所谓集合竞价，是指在股票每个交易日上午9：15～9：25，由投资者按照自己所能接受的心理价格自由地进行买卖申请。从2006年7月1日起，深、沪证券交易所开始实施开放式的集合竞价，即在集合竞价期间，即时行情实时揭示集合竞价的参考价格。

股市的开盘时间为每个交易日的9：30，集合竞价便是在当天开盘之前，投资者根据前一天的收盘价和对当日股市的预测来输入股票价格，按照价格优先和时间优先的原则计算出最大成交量的价格，这个价格便是集合竞价的成交价格，这个过程便是集合竞价。到9：25以后，投资者一般就可以看到各只股票集合竞价的成交价格和数量。关于集合竞价所产生的开盘价，以及股票当日的最低价、最高价、收盘价等指标和因素，我们可以参见图2.1。

由图可知，集合竞价的结果，与多方和空方力量的博弈有很大的关系，而且集合竞价是按照最大成交量的价格成交的。对于普通股民来说，在集合竞价期间，只要打入的股票价格高于实际的成交价格就可以成交，当然如果按涨停价买或按跌停价卖则保证优先成交。所以，散户如果希望在集合竞价时优先买到股票，通常可以把价格打得高一些，目的是获得优先成交权。

第二章 关注开盘与收盘

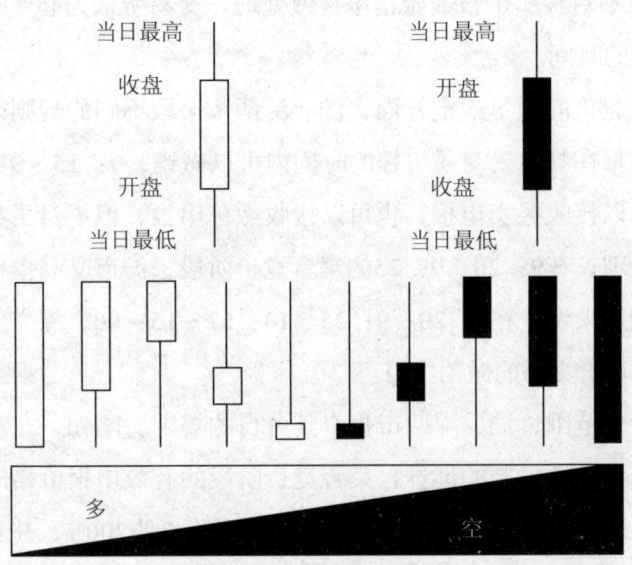

图2.1 集合竞价示意图

举例来说，在9：00~9：25，买方1的委托价是5.04元，委托量为100手，委托时间为9：02；买方2的委托价是4.99元，委托量为500手，委托时间为9：10；买方3的委托价是4.99元，委托量为800手，委托时间为9：24；卖方1的委托价是4.96元，委托量为500手，委托时间为9：05；卖方2的委托价是4.99元，委托量为200手，委托时间为9：13；卖方3的委托价是4.99元，委托量为900手，委托时间为9：22。

在上述情况下，当9：25时，集合竞价产生的开盘价便为4.99元，成交量为1400手。在这1400手成交量中，买方1、买方2和买方3的委托全部成交，卖方1和买方2委托的500手和200手也全部成交，由于买方的委托量总共只有1400手，所以卖方3委托的900手只能成交700手。

在集合竞价的申报规定方面，每个交易日的9：15~9：25（深交所有9：15~9：25和14：57~15：00两个时间段），证券交易所的交易主机接受参与竞价交易的申报；每个交易日的9：25~9：30，交易主机只接受申报，但不对买卖申报或撤销申报做处理。交易所认为必要时，可以调整接受申报的时间。

在集合竞价的撤单规定方面，沪、深两市采取不同的规则。比如，沪市未成交申报在其接受交易申报的时间内可以撤销，9：15~9：20，沪市交易主机可以接收买卖申报，也可以接收撤单申报，但不对买卖申报或撤销申报做处理；在9：20~9：25的集合竞价阶段，沪市交易主机不接受撤单申报。相对来说，在9：20~9：25与14：57~15：00，深交所交易主机不接受参与竞价交易的撤销申报。

关于竞价范围，沪、深两市也有其各自的规定。比如，在沪市，对于买卖无价格涨跌幅限制的证券，集合竞价阶段的有效申报价格应符合这些规定：（1）股票交易申报价格不高于前日收盘价格的200%，并且不低于前日收盘价格的50%；（2）基金、债券交易申报价格最高不高于前日收盘价格的150%，并且不低于前日收盘价格的70%；（3）集合竞价阶段的债券回购交易申报无价格限制。

在深市，则规定：（1）有涨跌幅限制的证券在集合竞价期间，有效竞价范围与涨跌幅限制范围一致；（2）无涨跌幅限制的证券的交易按照这些方法确定有效竞价范围：股票上市首日，开盘集合竞价的有效竞价范围为发行价的900%以内，连续竞价、收盘集合竞价的有效竞价范围为最近成交价的上下10%；债券上市首日开盘集合竞价的有效竞价范围为发行价的上下30%，连续竞价、收盘集合竞价的有效竞价范围为最近成交价的上下10%；非上市首日开盘集合竞价的有效竞价范围为前日收盘价的上下10%，连续竞价、收盘集合竞价的有效竞价范围为最近成交价的上下10%；债券质押式回购非上市首日开盘集合竞价的有效竞价范围为前日收盘价的上下100%，连续竞价、收盘集合竞价的有效竞价范围为最近成交价的上下100%。

总之，集合竞价在很大程度上形成了股价当日的起始价格，投资者在分析当日的股价走势时，通常是无法回避集合竞价的；再者，集合竞价还在很大程度上反映出市场上多空双方的力量博弈状况，对投资者预测当日的股市行情会起到重要的作用。

开盘时的看盘技巧

一般来说，无论对于个股还是大盘，开盘都为当天的走势定下基调，其重要性不言而喻。因此，投资者必须掌握开盘时的看盘技巧。我们知道，集合竞价的意义主要在于按照供求关系来校正股价，因而可以初步反映出价、量情况以及大户的进出动态。在无新股上市的情况下，集合竞价往往反映出市场对当天走向的看法。在集合竞价之后，便进入开盘阶段。开盘一般有3种状态，每种状态有着不同的含义。接下来便详述3种开盘状态：

1. 平开

这表示市场与上一交易日的收盘结果一致，暂时认同上一交易日的收盘价，多方（看好后市主动买入的一方，也叫多头）和空方（看淡后市主动卖出的一方，也叫空头）处在平衡状态中，没有明显的上攻和下跌的方向。主力机构的真实意图只有在进一步的盘中交易时才会表露出来。

2. 低开

表示目前空方占据主动地位，而后面的走势要根据具体情况来分析，看是主力机构出货还是多方有意打压股价建仓或洗盘（指制造股价疲软假象，令意志不坚者放弃持股）。

如果股价在顶部（某一时段内的相对高位）大幅跳空低开表明人气不

旺，常是多方力量衰竭、空方力量增长的征兆。主力机构获利回吐心切，以出货为主，大势有转坏的可能，虽有可能短时间内反弹，但摆脱不了一路下泻的局面。对此，投资者可以果断抓住这个机会，出货获利。

如果股价在底部（某一时段内的相对低位）跳空低开，表示市场转暖，低开很可能是主力机构在建仓和洗盘。这时往往是抄底吸筹的良机。图2.2是个股低开高走示意图：

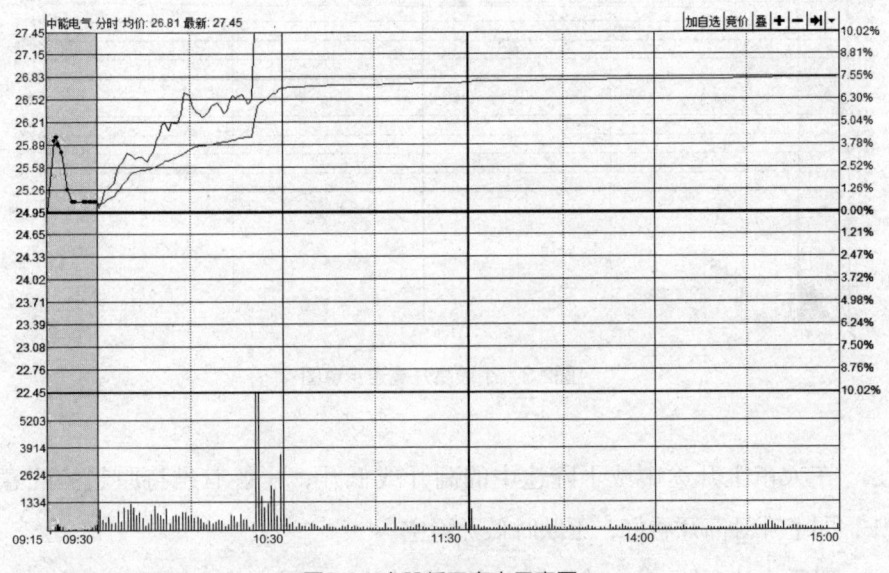

图2.2　个股低开高走示意图

3. 高开

大盘如果比前一日收盘点位高，说明人气旺盛。至于是否决定买入，还要看股价在中长期趋势的位置。如果股价处于底部，突然跳空高开，且幅度较大，表示有人抢筹码。这种情况往往意味着多空双方的力量将发生根本性逆转，多方坚决上攻，主力真实做多。这时应该果断地按照计划做多。如果股价处在高位，高开则可能为主力有意拉高，诱使场外买盘接盘，使自己成功逃脱。

另外，如果股价高开过多，使前日买入者获利丰厚，则容易造成过重的获利回吐压力，此时，投资者就应谨慎从事。如果高开不多，仅在几个点之内，表明人气稳定，多空双方均无恋战之意，后面的走势可能会比较平稳。图2.3为个股高开高走示意图：

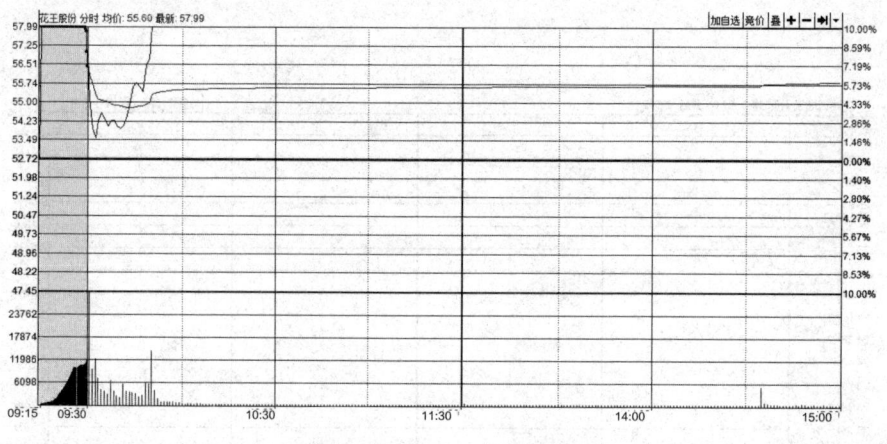

图2.3　个股高开高走示意图

在大市上升途中或下降途中的高开或低开，一般有维持原趋势的意味，即上升时高开看好，下跌时低开看空。

对于上述3种开盘方式，投资者如何才能把握其中的商机呢？为此，我们再来了解开盘三线，进而把握不同开盘方式带来的盈利机会。开盘三线是指开盘后以10分钟为一个计量单位，以开盘价为原始起点，然后以开盘后的第10分钟、20分钟、30分钟指数移动点连成三条线段。一般情况下，开盘30分钟的走向往往预示着这一天的走势趋向，投资者据此判断市场走向，尤其对于短线炒作有着重要的意义。

开盘三线在9：40、9：50和10：00，如果始终在开盘平行线上方游动，而且一波比一波高，则为涨势盘面；如果开盘三线始终在平行线下方一路走低，则为跌势盘面。

另外，开盘三线还有一些不明显的态势需要引起投资者的注意，比如，以9：40、9：50、10：00的三条线与开盘价（9：30）相比，三线都比开盘价高（俗称"开盘三线连三上"），则表明多头实力强劲，当天的行情趋好的可能性较大，日K线收出阳线的概率大于80%；但如果10：30以前成交量放天量，则表明庄家或机构有故意拉高或拉高出货之嫌，面对这种情况，散户投资者可考虑出货。

如果开盘三线比原始起点（9：30）都低（俗称"开盘三线连三下"），则是典型的空头特征，表明空方力量强大，当天收出阴线的概率大于80%。

如果9：40、9：50两条线都比开盘价高，而另一条线比开盘价低（俗称"开盘三线二上一下"），则表明当天行情中的买卖双方皆较有力，行情以震荡为主，多方逐步占据优势并向上爬行。

如果9：40、9：50两条线比开盘价低，而另一条线比开盘价高（俗称"开盘三线二下一上"），则表明空方力量大于多方，而多方也积极反击，底部支撑较为有力，收盘一般为有支撑的探底反弹阴线。

如果9：40这条线比开盘价低，而另外两条线比开盘价高（俗称"开盘三线一下二上"），则表明当天空方的底线被多方击破，反弹成功且将呈现逐步震荡向上的趋势。

我们接下来再看开盘三线中3个重要的时间段。在开盘后的第一个10分钟，是多空双方极为关注的时间段，当然也是股民最应留心的时段。这10分钟之所以重要，是因为此时参与交易的股民人数不多，盘中买卖量都不是很大，因此用不大的资金量即可达到目的，可以实现花钱少、效益高的目的。在强势市场中，多方为了充分吸筹，开盘后往往会迫不及待地买进；而空方为了完成派发，会故意拉高，于是造成开盘后的急速冲高。在弱势市场中，多方为了吃到便宜货，会在开盘时即向下打压，而空头会不顾一切地抛售，造成开盘后的急速下跌，因此开盘第一个10分钟的市场表现有助于正确地判断市场走势的强弱。

多空双方经过第一个10分钟的搏杀后，进入开盘后第二个10分钟的休整阶段。这个阶段，一般会对原有趋势进行修正，如果空方逼得太猛，多方会组织反击，抄底盘会大举介入；如果多方攻得太猛，空方也会予以反击，获利盘会积极回吐。因此，这段时间是买入或卖出的一个转折点，投资者在这个阶段务必要用心寻找盈利商机。

随着交易者逐渐增多，多空双方经过前面两个阶段的较量，互相摸底后，第三个10分钟的买卖盘变得较符合市场实际，因此可信度较高，这段时间的走势基本上可成为全天走向的基础。投资者也应充分关注这个时段的量价变化，为自己的决策做好准备。

总之，在开盘阶段，熟练掌握3种开盘状态，以及开盘后前30分钟的市场变化，有助于投资者对当日走势及收盘点位做出判断，为当天的看盘工作打下基础。

盘中看盘技巧

当前，沪、深两市每个交易日的交易时间为4个小时，除掉首尾各半小时为开盘和尾盘时间，其余3个小时均为盘中时间。这3个小时，又可分为多空搏斗、多空决胜和多空强化3个阶段。

1. 多空搏斗

如果说开盘仅仅是拉开一日股市序幕的话，那么，盘中则是多空双方正式交手的开始。指数、股价波动的频率越高，表明多空双方的搏斗越激烈；若指数、股价长时间平行，则表明多空双方退出、观望，无意恋战。多空双方的胜败除依赖自身的实力（资金、信心、技巧）外，还要考虑信息和人气两个因素。

2. 多空决胜

多空双方经过激烈的拼斗，打破了相持不下的僵局，大盘走势出现明显的倾斜。若多方占优，则步步推高；若空方占优，则每况愈下。占优方将乘胜追击，扩大战果，另一方见大势已去，抵抗力明显减弱。此时，往往是进出的最佳时机。如果过早，则涨跌莫测，充满风险；如果过迟，则痛失良机，后悔莫及。一般来说，多空决胜受下列因素的影响：

（1）指标股的表现。指标股涨势强劲，大盘无下跌之理；指标股萎靡不振，大盘必然下沉。多头指标股沦为空头指标股，则大盘跌速加快，所以指标股常为多空双方争夺的重点。

（2）涨跌家数。大盘普遍下跌，个股飙涨是不祥之兆，对大盘走势有害无益；此时，个股与大盘的表现形成极大反差，资金过于集中于个股，并形成恶性循环。若涨家多于跌家，且分布平均，涨家势众，空方无隙可乘，则收盘指数上涨，反之，空方占优，终成跌势。我们观察涨跌家数，辨别多空力量的最佳时间为收盘前1小时，即多空决胜后期。

（3）波动次数。股指波动振幅大，次数多，在跌势中则说明趋于上涨，在涨势中则说明趋于下跌。一般情况下，一个交易日中，有7次以上的较大波动，则有反转契机。

3. 多空强化

将14：30以前的盘中出现的最高点和最低点描出，并取其中间值为标准，如果此时指数在中间值和最高点中间，则涨势会进一步强化，尾市有望高收；若此时指数在中间值和最低点之间，则往往会导致杀尾盘。

多空强化是盘中的最后阶段，在经过多空双方激烈的拼斗后，形势已经明朗，盘尾会出现强者更强、弱者更弱的局面。

上述为盘中阶段所划分的3个大的阶段。投资者在盘中具体看盘时，还需要对盘中的运行状态（包括探底拉升、窄幅震荡、冲高回落等）进行具体分析。一般情况下，盘中的股价走势主要有下述几种情况：

（1）个股低开高走，若探底拉升超过跌幅的1/2时，股价回调跌不下去，表示主力做多的信心十足，可于昨日收盘价附近挂内盘跟进。对于投资者来说，这通常适合短线操作。

（2）大市处于上升途中，个股若平开高走，回调不破开盘，股价重新向上，表示主力做多坚决，待第二波高点突破第一波高点时，投资者可以考虑加仓买进。

（3）大市低位时，个股如果形成W底、三重底、头肩底或圆弧底，无论其高开低走，还是低开低走，在盘中拉升突破颈线位时，若突放巨量，则不宜追高，待其回调颈线而不破颈线时，投资者可以考虑挂单买进。其中，对于低开低走行情，虽然个股仍在底部，但毕竟仍属弱势，应待突破颈线时红盘报收，才可考虑买进。图2.4为三重底形态示意图：

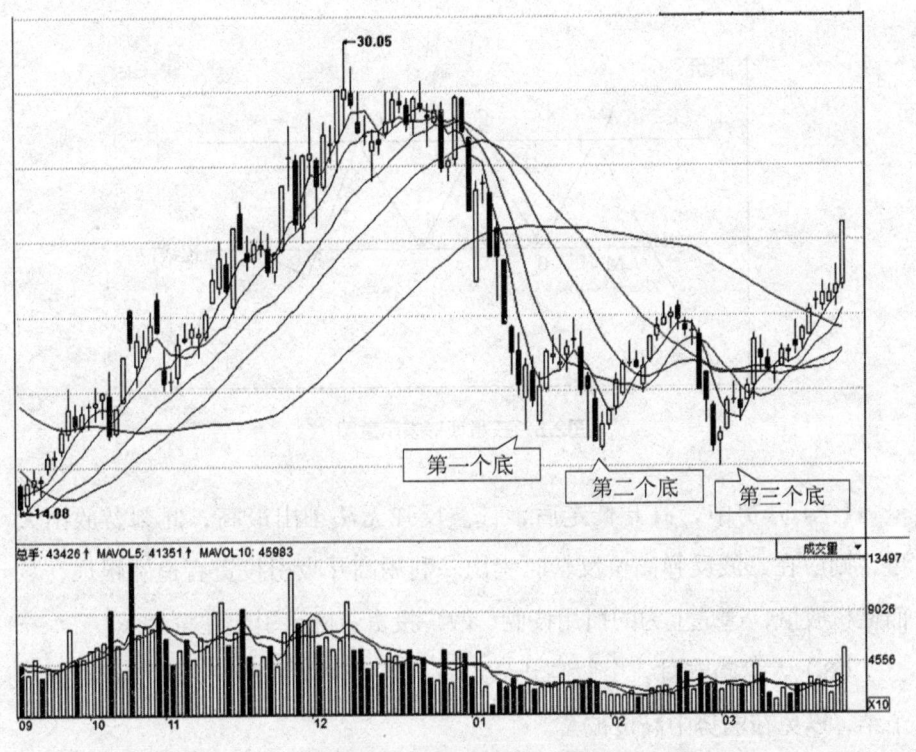

图2.4 三重底形态示意图

（4）个股低位箱体走势，高开低走，平开平走，低开平走，向上突破时可以跟进，但若是高位箱体突破时，应注意风险。比如，当日股价走势出现横盘时，投资者最好观望，以防主力震荡出货。

（5）大市下跌时，若个股低开低走，突破前一波的低点，多是主力看淡行情，有其弱势或有实质性利空出台，低开低走，反弹无法超过开盘，多是主力离场观望，若再次跌破第一波的低点，投资者可以考虑以市价杀跌卖出。

（6）个股如果形成三重顶、头肩顶或圆弧顶，跌破颈线时应果断卖出，尤其应在趁其跌破后、股价拉回颈线处反弹无力时卖出。图2.5为三重顶形态示意图：

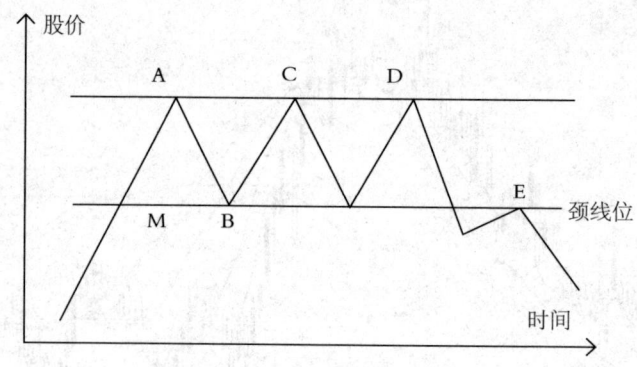

图2.5 三重顶形态示意图

（7）升势中，高开低走后，二波反弹无法创出最高，此刻若放出大量，则应在二波反弹高位反转时卖出。利用高开吸引投资者追涨跟风，从而借机放量，这是主力的惯用伎俩，散户投资者应该引起注意。

（8）大盘趋弱时，个股高开低走后，若反弹无法翻红，投资者宜获利了结，以免在弱势中高位被套。

（9）个股箱体的走势往下跌时，箱底卖出，无论高开平走、平开平走或低开低走，在箱体呈现大幅震荡时，一旦箱体低点的支撑失守，显示主力已失去护盘能力，至少短线向淡，暗示新一轮的跌势开始，投资者应毫不犹豫地斩仓出局。

盘中阶段可以说是投资者看盘中最长的阶段，可能出现的问题也最复杂，投资者要综合参考多个指标，在盘中阶段尽可能多地捕获盈利时机。

收盘时的看盘要点

股市的交易时间通常为一个交易日中的9：30～11：30和13：00～15：00，其中9：30～10：00为开盘阶段，10：00～11：30和13：00～14：30为盘中阶段，14：30～15：00为收盘阶段，也称为盘尾阶段。

一般来说，收盘阶段是多空双方一日拼斗的总结，故收盘指数和收盘价历来为投资者所重视。如果说开盘是序幕，盘中是过程，那么收盘才是定论。收盘阶段的重要性，在于它处在一个承前启后的特殊位置，既能回顾前市，又可预测后市。

通常情况下，如果尾市收红，且出现长下影线，则为探底获支撑后的反弹，投资者可以考虑跟进，次日以高开居多；投资者如果买在最后一分钟，则有利于避开当日风险。如果尾市收黑，出现长上影线，则上档压力沉重，次日低开低走的概率较大，投资者可以适当减磅。

如果处于涨势中，尾市放巨量，投资者此时不宜介入，因为次日开盘可能会遇抛压，故不易涨；如果跌势中尾市放巨量，一般是恐慌性抛售所致，是大盘将跳空而下的讯号。在跌势中尾盘有小幅拉长，涨势中尾盘有小幅回落，此为修正尾盘，一般无任何实际意义。

可以想象，多空双方会对收盘股指、股价进行激烈的争夺，但需要强调两点：

（1）要当心机构大户借技术指标骗线，临收盘时故意拉高（或打压）收盘股指、股价，次日跳空高开（或低开），达到次日拉高出货（或压价入货）的目的。投资者在识别时，一看有无大成交量配合，高收盘（或低收盘）时，若成交量过小，显示多（或空）方无力量，此时，成交量过大，多（或空）方出货（或入货），均为陷阱；二看有无利多（或利空）消息、传言的配合，并且要分析传言的真伪。投资者结合大成交量、利多（或空）消息，可以初步确认为多头（或空头），可考虑买入（或卖出）股票。但为了防止上当，投资者适宜既不要满仓，也不要空仓。

（2）星期一效应与星期五效应。星期一收盘股指、股价收阳线还是阴线，对全周交易的影响会较大，因为多（或空）方首战告捷，往往乘胜追击，连接数根阳线（或阴线），投资者应予以警惕；星期五的收盘股指、股价也很重要，它不仅反映当日的多空胜负，还反映了当周的多空胜负。

总的来说，收盘是一天中看盘的一个重要阶段，收盘价更是容易被人们记住的一个非常重要的数据。此外，收盘后挂在盘面中的一系列信息，也是需要投资者予以关注的。图2.6为收盘后的上证指数盘面信息：

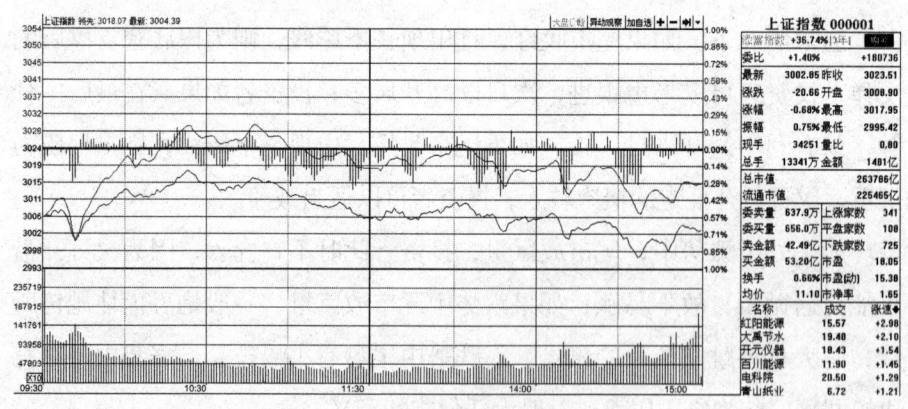

图2.6　收盘后的上证指数盘面信息

一般情况下，在关注收盘后的盘面时，我们可以获得不少的信息，甚

至是盘中主力的信息,具体如下:

(1)上下平衡,其含义是上下接抛盘相当,价位几乎没有空缺。

比如,收盘价为10元的股票,每高或者低1分钱都有接盘和抛盘,挂出的量也差不多,这是自然的状况,表明没有主力或者主力并没有在收盘价上花功夫。

(2)高空,指上档的卖出价离收盘价较远而买进价贴近或等于收盘价。

如果尾市大盘明显下跌,那么出现高空状况是正常的;如果大盘走势平稳,而且当天该股的涨跌也基本跟随大盘,那么可以确定该股应该没有主力,或者即使有主力也不愿意护盘,表明该股至少现在还不会走强于大盘。

(3)低空,指下档的买进价离收盘价较远,而卖出价贴近或等于收盘价。

这是一种非正常状态,因为即使大盘尾市明显上涨,市场散单也不会一味往上猛打而不在下档挂接单,因此合理的解释是有盘中主力在运作。如果是最后一笔的成交导致收盘价冲高,那么就是主力做收盘价;如果股价在最后几分钟连续上涨而下档没有接盘跟上,那么主力就是采用了不太冒险的方法,扫掉上档不多的抛单,但并不在下档挂接单。如果上档新出来的单子不多就尽量打掉,将收盘价做高。对于市场上的散单来说,由于下档的接盘价格依然很低,而挂在上面又难以保证一定成交,因此大量挂出抛单的可能性就很小。这种现象表明盘中有主力,而且主力不希望股价继续下跌。

投资者在分析收盘阶段时的盘面时,还可以通过外盘、内盘数量的大小和比例,来发现主动性的买盘多还是主动性的抛盘多,并在很多时候可以发现庄家动向,这也是一个较有效的短线指标。投资者在使用外盘和内盘时,要注意结合股价在低位、中位和高位的成交情况及该股的总成交量，这是因为外盘、内盘的数量并不是在所有时间都有效。比如，在许多时候，外盘大，股价并不一定上涨；内盘大，股价也并不一定下跌。

总之，收盘阶段是看盘中的一个重要阶段，投资者需要密切关注该阶段的盘面走势。

解析尾盘急拉和跳水

尾盘急拉又称尾盘拉升，是指股票在即将收盘时股价出现大单拉升、突然上涨的局面。我们知道，尾盘不仅是当日多空双方交战的总结，还是决定次日开盘的关键因素，所以主力拉升吸筹或放量震仓往往是在尾盘阶段，市场波动最大的时间段也是在收市（收盘）前的半小时左右。此时的股价异动是主力操作的一个典型手法，目的是为第二天的操作做准备。

在大市和个股都处于低位时，如果部分主力机构入场吸筹拉升，其目的便是收集筹码，并且会断续出现多次。一般情况下，个股尾盘拉升的幅度不会超过5%，这是因为主力尚不希望暴露自己入庄的行踪。当然，在遇到上市公司马上就要公布利好消息等已不允许主力慢慢收集筹码的情况时，主力也可能以一口气拉出巨大涨幅甚至是涨停的方式来收集筹码。

一般来说，主力不会选择在盘中拉升，这是因为，如果早早把股价拉起，则需要在盘中护盘接筹，这需要大量的护盘资金，如果没有雄厚的资金，盘中拉升便会前功尽弃。庄家采用尾盘偷袭的方式拉高，甚至将拉升持续至收盘，便可以避免或者缩短拉高后股价横盘的时间，并减少接盘操作。可以说，尾盘偷袭的方式既达到了拉高股价的目的，又可以节省上拉成本，对于庄家而言，是一种较好的操盘技巧。

所以说，投资者观察尾盘最后半小时的走势是至关重要的。如果盘面在最后半小时走势平稳，第二天开盘时平开的概率会较大。如果尾盘出现急速拉升，且量能放大明显，在第一天上涨时，尚有过夜价值；若已是连续多日上涨，便有诸多嫌疑，散户投资者需要谨慎，不可以轻易参与过夜。尾盘出现极速下跌，也要具体分析原因，如果之前的上涨幅度太大，投资者需慎重；如果是非理性的下跌，下跌的又是龙头股，那么第二天高开的机会就会增大，投资者可以考虑在最后1分钟买进。图2.7是个股尾盘急拉示意图：

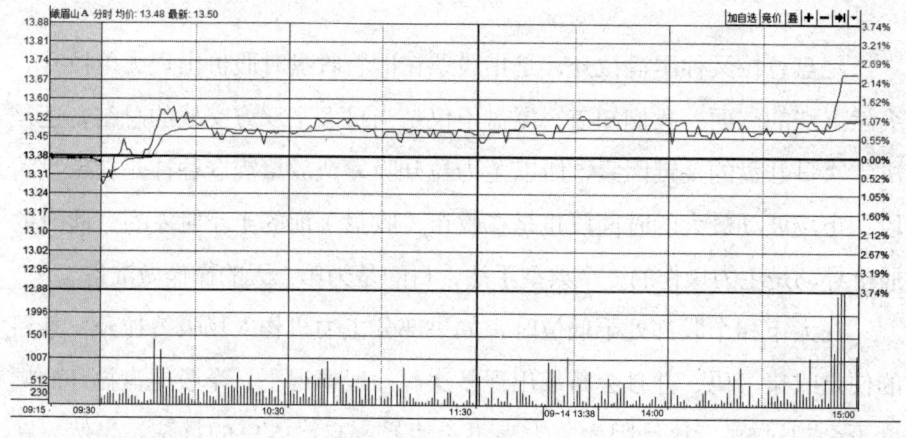

图2.7　个股尾盘急拉示意图

上图中，主力从14：00开始拉抬股价，并在收市前的5分钟内将股价迅速拉升了两个点。这在K线图上将形成一个带下影线的光头阳线，有利于第二天出货。一般来说，如果股票出现了上述故意拉高收盘价的现象，则足以说明该股票有主力存在，并且主力近期可能会有所动作，如在第二天开盘之后以低开跟进。

总之，主力拉高收盘价主要基于3个原因：一是为了第二天高价出货，主力通过少量资金将股价拉高，从而给第二天出货留下很大的空间；二是筹码收集完毕，开始迅速拉升，从而使其脱离自己的成本区；三是为了形成良好的K线形态，从而达到控盘的目的。

尾盘跳水，是指股价在临近收盘时快速下跌。一般情况下，尾盘跳水分为大盘尾盘跳水和个股尾盘跳水两种，两者产生的原因大致是一样的。大盘尾盘跳水的出现，一般是由于发布了某些对股市有不利影响的政策，或是进行自我调整。个股的尾盘跳水往往与大量资金抽出有关，可能是被套牢也可能是获利后抽出资金。对于尾盘跳水，投资者不必过分着急，要仔细分析形势，从而选择是留还是抛。图2.8为个股尾盘跳水示意图：

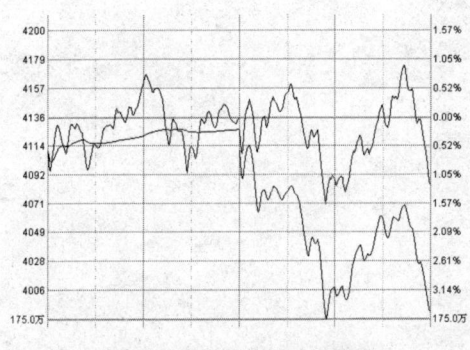

图2.8　个股尾盘跳水示意图

上图中，在尾盘最后半小时内，主力大力打压股价，从而形成了一个带长长的上影线的十字星，此类股票的特征是全日股价运行良好，只是在尾盘时突然下跌，而且下跌时也有成交量。同时，股价大部分时间都是在均价上方运行，走势很强。因此，可以初步断定这是一种假的下跌，而实际上，该股在第二天低开高走，甚至差一点涨停。这更加验证了是主力在洗盘。

总的来说，股票出现尾盘跳水，多是存在主力打压股价的因素。主力这样做的原因，一是为了洗盘，使股价具备一定的上涨空间，从而有较多的获利盘，而且可以利用突然的下跌，引出浮筹[①]；二是吸货，主力为了能够在第二天低价吸入更多的筹码，故意在尾盘打压股价，好让自己在第二天吸到更多的筹码。

很多时候，主力会借着不利于股市或个股的消息来故意打压股价。对于主力的这些行为，投资者要冷静对待，客观分析。

[①] 浮筹，指的是持股不坚定的散户手中的股票。这类散户的短线投机心态较强，操作时每拉升到一个关键的价位，这部分投资者手中的股票就容易变现。

第三章
成交量和股价分析

在股市技术分析中，研究量与价的关系占据了极重要的地位。所谓成交量，是股票买卖双方达成交易的数量，通常是按照单边来计算的。比如，某只股票成交量为10万股，这是表示买卖双方意愿达成的数量，在计算时，买方买进了10万股，同时卖方卖出10万股，最终的成交量是10万股。一般可用成交股数和成交金额两项指标来衡量成交量。目前深、沪股市均能显示出来这两项指标。

在股市中，成交量是推动股价上涨的原动力，市场价格的有效变动必须有成交量的配合，可以说，量是价的先行指标，是测量证券市场行情变化的温度计，通过成交量增加或减少的速度，可以推断多空博弈的规模大小和指数、股价的涨跌幅度。基于此，我们在看盘中要掌握对成交量和股价的分析方法。

成交量与股价趋势

　　我们知道，成交量相当于股价的动量。一只股票在狂涨之前，往往经历了长期的下跌或盘整，在成交量大幅萎缩时，再出现连续的放大或温和递增，而使得股价上扬。通常情况下，一只狂涨的股票必须在底部出现大的成交量，在上涨的初期，成交量必须持续递增、量价配合，在主升段之后，往往出现价涨量缩的所谓无量狂升的强劲走势。

　　因此，对于底部出现巨大成交量的股票，精明的投资者必然会进行跟踪，因为一只股票的供求关系所发生的变化，将决定股价的走向，一旦价量配合，股价通常会急速上扬，可见，成交量的形态改变将是趋势反转的前兆。在个股上涨初期，其成交量与股价的关系是价少量增，而成交量在不断持续放大，股价也随着成交量的放大而扬升；一旦进入强势的主升段时，则可能出现无量狂升的情况；在最后末升段的时候，出现量增价跌，量缩价升的背离走势。一旦股价跌破10日均线，则显示强势已经改变，将进入中期整理的阶段。

　　对于投资者来说，当握有一只强势股的时候，最好是紧紧盯住股价日K线图。如果日K线一直保持在10日均线之上，则可以一路持有；一旦盘势跌破10日均线，则应考虑换股操作，如立即出货。

　　在股市盘整的末期，成交量一般萎缩，代表抛盘力量的消竭。基本上，量缩是一种反转信号，量缩才有止跌的可能，在下跌走势中，成交量必须逐渐缩小才有反弹的机会。但是，量缩之后还可能再缩，到底何时才是底部呢？只有等到量缩之后又迎来量增，才能确认到达底部。如果此时股价已经在10日均线之上，就更能确认其涨势已经开始了。

一般来说，我们应重视量缩之后的量增，只有量增才能反映出供求关系的改变，只有成交量增大才能使该股具有上升的底部动量。

另外，我们还要认识到成交量是价格的"衍生物"，因而其相对于实时股价来说，具有先天的滞后性。同时，市场上的资金是对价格的追捧，如竞买或者竞卖形成了价格的波动，而不是对成交量的追捧，因此，成交量首要的功效在于甄别市场的容量和市场的流动性。除此以外，成交量对一些拐点有效性的验证也存在一些功效。

股市中有谚语说："天量天价，地量地价。"说的是从成交量的大小可以看出股价所处的位置高低。一般来说，成交放出巨量时，股价往往处在相对高位；成交极度萎缩时，说明股价已经跌至相对低位，这对短线操作者寻找买点特别有效，假如某股在一段时间内成交量逐步萎缩，当量无法进一步萎缩时，往往意味着股价将止跌。

此外，短线操作也可以根据量的变化来寻找买卖点，使用时还需注意的是：一旦量能创出近期的新低，说明阶段性低点可能已经来临，而对冷门股、处在下跌趋势的个股，则不宜用此法，这些个股有可能出现成交量一再萎缩，而股价依然未止跌的情况；缩量之后出现的低点不一定是重要底部，有时仅仅是阶段性的低点，因而只适宜寻找短线低点，对重要底部的寻觅，还需结合其他方法来进行综合研判。

图3.1清晰地描绘出了成交量与股价之间的关系。具体来说如下：

（1）价格随着成交量的递增而上涨，为市场行情的正常特征，此种量增价升的关系，表示股价将继续上升。

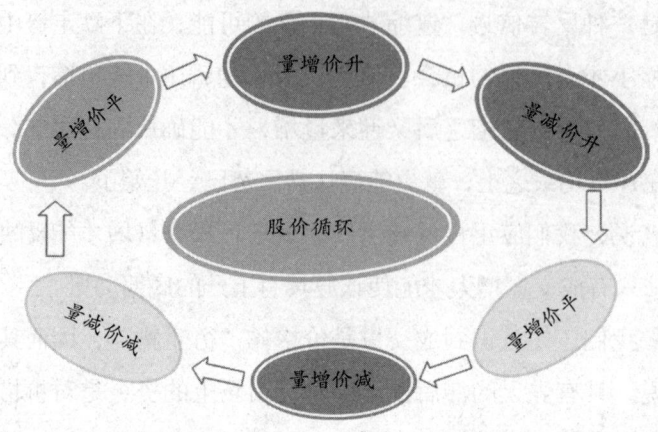

图3.1 成交量与股价之间的关系

（2）在一个波段的涨势中，股价随着递增的成交量而上涨，突破前一波的高峰，创下新高价，继续上扬，然而，此段股价上涨的整个成交量水准却低于前一个波段上涨的成交量水准。此时，股价创出新高，但是成交量没有突破，此段股价的涨势令人怀疑，同时也是股价趋势潜在的反转信号。

（3）股价随着成交量的递减而回升，股价上涨，成交量却逐渐萎缩。成交量是股价上涨的原动力，原动力不足显示出股价趋势潜在的反转信号。

（4）有时股价随着缓慢递增的成交量而逐渐上升，渐渐地走势突然成为垂直上升的喷发行情，成交量急剧增加，股价跃升暴涨；紧随着此波走势，继之而来的是成交量大幅萎缩，同时股价急速下跌。这种现象表明涨势已到末期，上升乏力，显示出趋势有反转的迹象。

（5）在一个波段的长期下跌形成谷底后，股价回升，成交量并没有随股价上升而递增，股价上涨欲振乏力，然后再度跌落至原先谷底附近，或高于谷底。当第二谷底的成交量低于第一谷底时，是股价将要上升的信号。

（6）股价往下跌落一段相当长的时间后，市场出现恐慌性抛售，此时随着日益放大的成交量，股价大幅度下跌；继恐慌卖出之后，预期股价可能上涨，同时恐慌卖出所创的低价，将不可能在极短的时间内突破。因此随着恐慌大量卖出之后，往往是空头市场的结束。

（7）股价下跌，向下突破股价形态趋势线或移动平均线，同时出现了大成交量，是股价下跌的信号，明确表示出下跌的趋势。

（8）当市场行情持续上涨数月之后，出现急剧增加的成交量，而股价却上涨无力，在高位整理，无法再向上大幅上升，显示了股价在高位大幅震荡，抛压沉重，上涨遇到了强阻力，此为股价下跌的先兆，但股价并不一定必然会下跌。股价连续下跌之后，在低位区域出现大成交量，而股价却没有进一步下跌，仅出现小幅波动，此即表示进货，通常是上涨的前兆。

总之，投资者熟练掌握成交量和股价走势之间的关系，有助于在看盘时，通过同时分析成交量与股价之间的变化，来预测股价未来走势，从而做出正确的买卖选择。

放量下跌与缩量上涨

投资者在分析成交量与股价的关系时，尤其需要关注放量下跌与缩量上涨。其中，所谓"放量"，是指成交量暴增，一般来说，当日成交量比上一交易日会有明显放大（至少10%以上），如平常每天成交量是几百万手，突然一天成交量达到几千万手等；相对来说，缩量是指市场成交较为清淡。

实际上放量下跌就是暴跌，说明下跌动能强，一般有重大利空消息出现后，会放量下跌，有时也受不理智的抛售行为的影响。图3.2为个股放量下跌示意图：

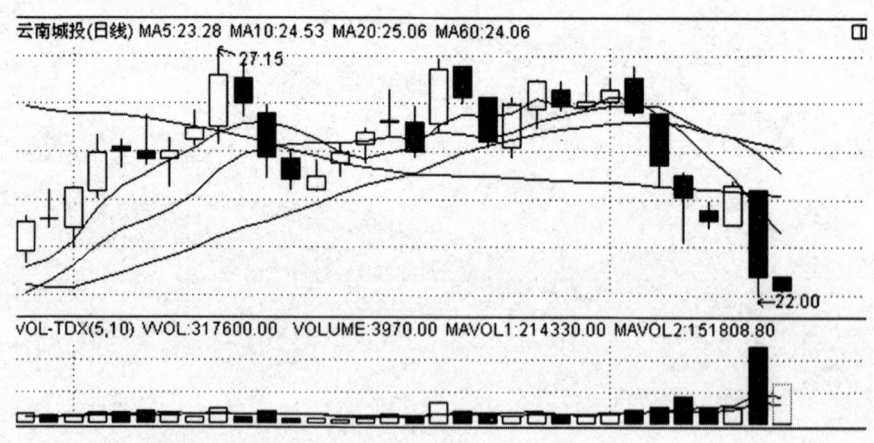

图3.2　个股放量下跌示意图

图3.2中，下部的成交量柱形图较长的部分，表示成交量增加，其对应的股价走势却是下跌态势。一般来说，出现这种情况，有时属于主力出货，有时属于主力换庄，投资者可根据放量出现的位置、K线形态等因素来予以判别：如果是"放量滞涨"，意味着不祥之兆，若成交量接连放出大量，股价却在原地踏步，通常为主力对倒作量吸引跟风盘，表明主力去意已决，后市不容乐观；股价下跌途中放量连收小阳，需谨防主力构筑假底部，跌穿假底之后往往是新一轮跌势的开始；高位放量下挫，这是股价转弱的一种可靠信号，投资者应该考虑及时止损。

另外，放量又可以分为相对放量和持续放量。其中，相对放量是指今天与昨天比，本周与上周比的结果；持续放量则是将最近几天和前一段时间的某天的量做比较。在具体运用这些概念时，投资者要能够明确区分它们之间的联系和区别。

缩量上涨是指在股票价格或指数上涨的过程中，成交量较前些交易日有明显萎缩现象，这种现象说明成交的只是场内资金买盘，场外资金进场不积极。图3.3为个股缩量上涨示意图：

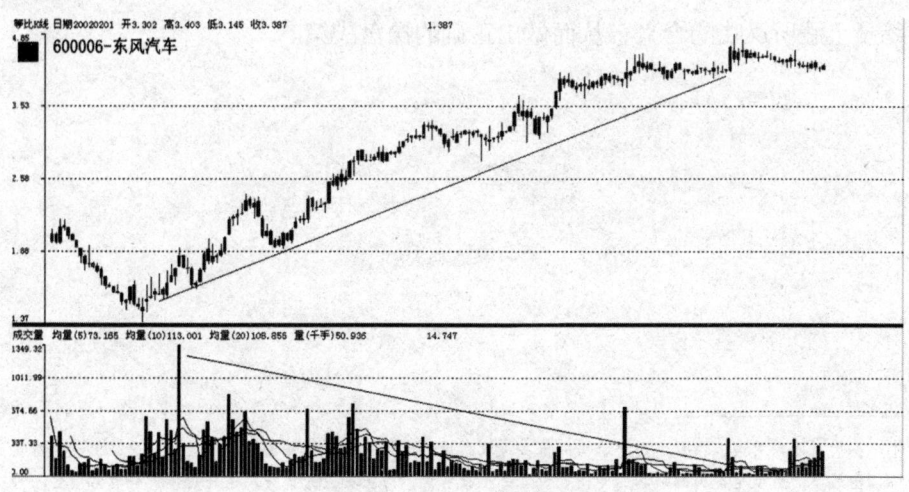

图3.3　个股缩量上涨示意图

图3.3中，成交量部分总体走势下跌，意味着缩量；成交量部分相对应的股价走势却是呈现上涨态势。

一般来说，对于大盘而言，股价若在相对低位，说明投资者观望气氛浓厚，空头经过前期的打压，能量也消耗不少，多空对决，多方略胜一筹，接下来量能温和放大，上涨的持续性值得期待。股价若在相对高位，随着股指的上涨，投资者变得谨慎起来，追高意愿不强。一旦后续能量不能随着股指的上涨有所放大的话，见顶回落的可能性会较大。

对个股而言，若开盘即涨停，持续至收盘，说明该股可能有重大利好，被机构主力提早得知，在集合竞价时即已进入，而持股者惜售，这样的涨停自然会缩量；若该股已经历连续大跌，斩仓割肉[①]盘基本出局，剩下来的基本是意志坚定者，因此抛压不大，买入后推高股价也轻而易举，仅需少量资金即可，于是缩量上涨；若行情低迷，大家做多做空的意愿不强，持股者和场外人士普遍持观望态度，此时多数是缩量，有可能上升，也有可能下跌，但幅度一般不大；若持续地缩量上涨，意味着多空方向一致，主力控盘程度高。

总的来说，投资者在关注量价变化的关系时，要能够识破放量下跌与缩量上涨所反映的含义，从而做出正确的操盘决策。

---

① 割肉，股市用语，指亏本平仓。当高价买进股票后，大势下跌，投资者为避免继续损失，低价赔本卖出股票。止损是割肉的一种，即提前设立好止损价位，防止更大的损失，这是短线投资者常用的一种方法。

掌握量价理论

　　量价理论，是一种衡量股价的理论，最早见于美国股市分析家葛兰碧（Joseph E.Granville）所著的《股票市场指标》。葛兰碧认为，成交量是股市的元气与动力，成交量的变动，可以直接反映股市交易是否活跃、人气是否旺盛，而且体现了市场运作过程中供给与需求间的动态实况，如果没有成交量的发生，市场价格就不可能变动，也就无股价趋势可言，因而，成交量的增加或萎缩都反映出一定的股价趋势。

　　我们知道，股票的价格和成交量是两个最基本的要素，投资者可以根据成交量和价格的变化，来分析大众对这只股票的心理和买卖意愿，以及买卖力道，寻找股价阻力最小的方向，从而确定该进入市场还是该退出市场。通常来说，价格的高位和低位一般都是以大换手率为标志的，因为这样才能完成筹码的派发和收集。

　　如果某只股票一路缩量阴跌，突然某日放量上涨，说明之前阴跌时，没人买，现在的放量，是买盘涌入。为什么很多股票在高位上涨时，不放量还能继续涨呢？因为主力有大量筹码，散户手里没有多少筹码，即便涨，如果主力不卖，那么市场上就会很少有人卖，所以可以缩量继续涨。

　　在股市中，由于成交量和股价之间的关系比较复杂，所以以葛兰碧为代表的股市研究人员认为：成交量几乎总是先于股价，成交量是股价的先行指标。在量价理论里，成交量与股价趋势的关系可归纳为8种：

（1）量（成交量）涨价（股价）涨，即所谓的有价有市。

（2）量涨价涨，股价创新高，但成交量没有创新高，此时，股价涨势较可疑，股价趋势中存在着潜在的反转信号。

（3）股价随成交量递减而回升，显示出股价上涨原动力不足，股价趋势存在反转信号。

（4）股价随着成交量递增而逐渐上升，然后成交量剧增，股价暴涨（呈井喷行情），随后成交量大幅萎缩，股价急速下跌，这表明涨势已到末期，上升乏力，趋势即将反转。反转的幅度将视前一轮股价上涨的幅度大小及成交量的变化程度而定。

（5）股价随成交量的递增而上涨的行情持续数日后，一旦出现成交量急剧增加而股价上涨乏力，在高档盘旋却无法再向上大幅上涨的情况，表明股价在高档卖压沉重，此为股价下跌的先兆。股价连续下跌后，在低档出现大成交量，股价却并未随之下跌，若小幅变动，则表明行情即将反转上涨，是买进的机会。

（6）在一段长期下跌形成谷底后，股价回升，成交量却没有递增，股价上涨行情欲振无力，然后再度跌落至先前谷底附近（或高于谷底）时，若第二谷底的成交量低于第一谷底，则表明股价即将上涨。

（7）股价下跌相当长的一段时间后，会出现恐慌性抛盘。随着日益增加的成交量，股价大幅度下跌。恐慌性卖出后，预期股价可能上涨，但恐慌性卖出所创的低价又不可能在极短时间内突破，这往往标志着空头市场的结束。

（8）股价向下跌破股价形态趋势线或移动平均线，同时出现大成交量，是股价下跌的信号。

在量价理论里，成交量传达出来的最直接的信息就是多方与空方之间博弈的过程，因此，我们在看成交量时，要关注"量能"的概念，即前期成交量的变化，会对后期的股价走势产生影响。

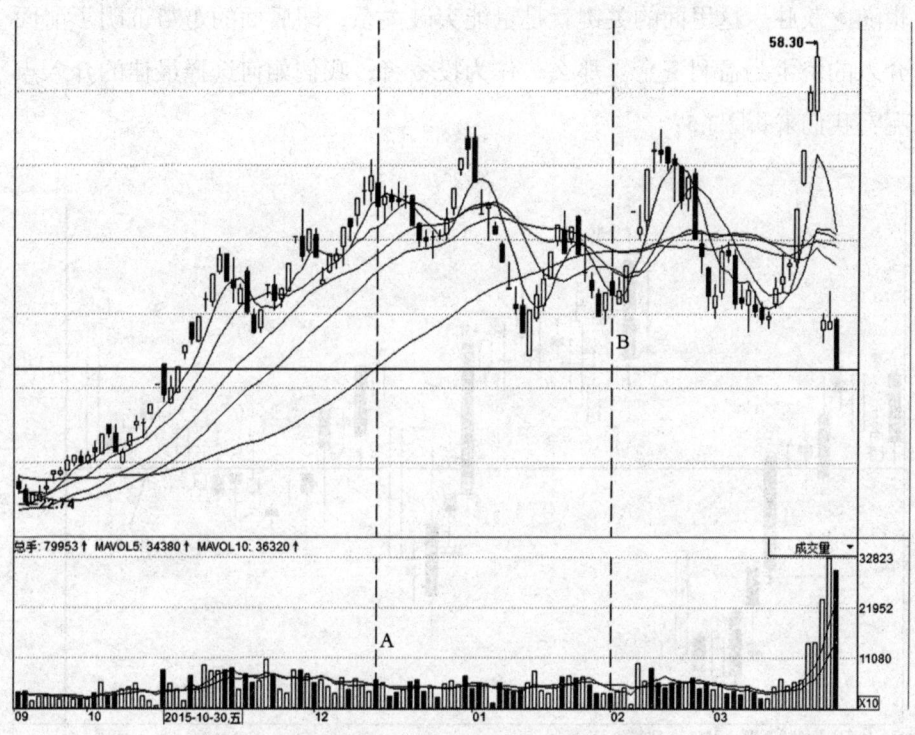

图3.4 量能影响股价走势示意图

图3.4中，A点（虚线交叉时刻点，B点同）当日位置放出了一根量能。量能是因多空双方的博弈而产生的，有买必定有卖，有卖必定有买，这是个双向的成交量。因此，A点位置的放量基本说明此处出现了多空双方的对峙。那么，多空双方对战后的结果是什么呢？后面的B点位置，K线震荡均在当日收盘价上方进行，即表示在A点充当多头量能的资金，经过几个交易日后，仍处于赢利状态，那就说明A点的多头力量成为这场博弈竞局的胜者，而稍后的上涨也充分说明了多头力量取胜的现实。当通过B点的震荡，从成交量获知了A点多空双方博弈的胜者为多头，则在实战操作中，投资者

可以考虑跟随进入，此时就能跟随多头获取比较丰厚的利润。

到此，我们知道了如何通过量能发现博弈的胜者，从而使自己的操作也随之获胜。这里面的关键就是量能突破关系，即后面的走势证明了前面介入的资金为盈利资金。那么，作为投资者，我们如何选择最佳的介入点呢？我们来看图3.5：

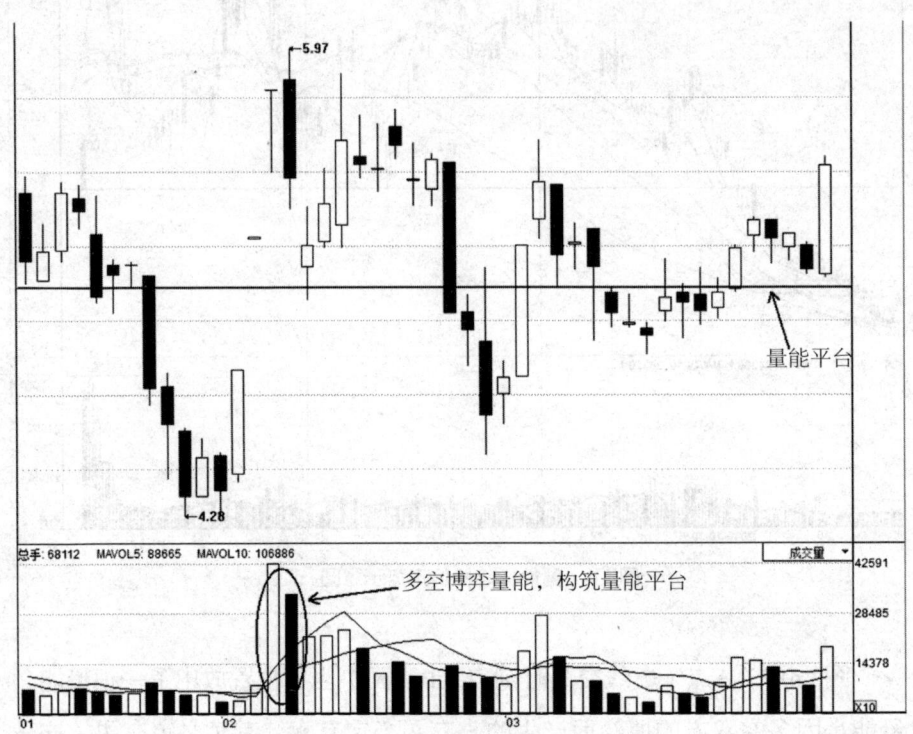

图3.5　多空博弈量能示意图

图3.5中，量能平台突破后，股票横盘的时间比较长，如果较早介入，则需要忍耐非常长的时间，就算后面真能赚到钱，也会有大部分投资者因无法预知后面的走势而动摇信心，导致本来盈利的操作仍然功亏一篑。所以，选择一个较好的突破点介入，才能真正在短期内快速盈利。在股市实战中，当第一个博弈量能出现的时候，我们需要观察的是这些博弈多头资

金什么时候才出现第二次进攻,而第二次进攻往往就是投资者较佳的介入点,我们将这个介入点称为量能突破点。

总之,熟练掌握量价理论,深刻地认识到量能对股价的重要影响,有助于投资者在炒股实战中更好地把握获利时机。

识破成交量陷阱的方法

在股市中,基于成交量的重要性,很多时候,主力或庄家不免在成交量中设置一些陷阱,作为散户投资者不得不防。那么,主力或庄家在成交量方面都会设置哪些陷阱呢?

1. 久盘后突然放量突破

所谓久盘,有时是指股价在炒高了相当大的幅度后的高位盘整,有的是炒高后再送配股票除权后盘整,还有的是中报或年报公告前不久的盘整。

所谓盘整,是指在一个时期内(如两个月、三个月、半年等),股票在一个相对窄小的价格区间波动,上行无力,下跌无量,交易极不活跃,不被市场人士关注。有时候,这种股票会在某一天开盘后发现挂有大量的买单或卖单,摆出一副向上拉升的架势。开盘后半小时到一小时内,大量的买单层层叠叠地封挂在买一、买二、买三的价位上,同样,卖单也大批地挂在卖一至卖三的各价位上。同时,成交量急剧上升,推动股价上涨。

投资者会立即发现成交量的异常变化,甚至会试探性地买入。但是由于买单已经塞得满满的,要想确保成交,只能直接按市场卖出价买进。正是因为这种买入的人增多,尽管抛单沉重,股价还是会不断上升,从而更进一步增加买入的信心,并使投资者产生该股将突破盘局带量上升,展开新一轮升势的联想。1个小时左右后,股价可能劲升8%左右。盘整时,买

二、买三的挂单很多，买一的挂单相对少一些；但卖一至卖三的卖单并不多，然而成交量却不少，显然是有卖盘按市价在买一价位抛出。直到当天收盘时，大部分股票都在7%～8%的涨幅一带成交。第二天，该股可能略为低开，然后快速推高，上涨至5%～7%；有的干脆高开高走，大有形成突破缺口的架势。

当许多人看到该股突破盘局而追涨时，该股在涨到5%～7%左右会突然掉头下跌。虽然随后还会反复拉升，但往上的主动买单减少，而往下的抛单却不断，股价逐渐走低，到收市前半小时甚至跌到前一天的收盘价以下。随后的日子里，该股的成交萎缩，股价很快跌破前次的起涨点，并一路阴跌不止。如果投资者不及时止损，股价还会加速下跌，跌到难以相信的程度，使投资者深深套牢。

那么，为什么该股会在突然放量往上突破时又掉头向下，甚至加速下跌呢？这是庄家利用成交量设置的陷阱。通常的情况是，庄家在久盘以后知道强行上攻难以见效了，如果长期盘整下去又找不到做多的题材，或是潜在的利空消息已经被庄家知道了。为了赶快脱身，庄家采取滚打自己的筹码的方式，造成成交量放大的假象，引起短线炒手的关注，从而诱使人们盲目跟进。

这时，庄家只是在启动时滚打了自己的股票，在推高的过程中，许多追涨的人接下了庄家的大量卖单，那些在追涨时没有买到股票，然后就将买单挂在那里的人更加强了买盘的力量，并为庄家出货提供了机会。庄家就是这样利用量增价升这一普遍认可的原则，制造了假象，达到出货的目的。

2. 中报或年报公告前，个股成交量突然放大

一般来说，在中报或年报公布前，许多企业的业绩已经做出来了。因此，公司董事会、会计师、会计师事务所以及发表中报或年报的新闻媒体都会领先一步知道消息。股价在中报或年报公布前会因消息的泄露而出现异常波动。

业绩好的公司，其经营状况早就在各券商和大机构的调研中，其经营业绩也早有可能被预测出来。因而庄家早就入主其中，将股价做到很高的位置盘整，等待利好消息公布时出货。这时，庄家要在低价位收集筹码已经来不及了，可是优秀的业绩又确实是做短线的机会。因此，一些资金会迅速进入这些股票，能买多少买多少，股价也不急不火地上升，成交量温和放大。

待利好消息公布，投资者一致认为该股值得买入时，该股会在涨停板的位置高开。然后，先期获得消息的人会将股票全部抛出，捕捉了一个漂亮的短线时机。

另外，在报表公布前，还有一种情况是，某只股票本来一直阴跌不止，形成下降通道。但是中报公布前的某一天，该股突然以压低开盘，或在盘中狠狠地打压，造成股价异常波动，以吸引市场人士的关注。随后，该股会有大量的买单或者卖单同时挂上，成交量猛增，股价也在不断推高。

这时，广大投资者认为该股中报或年报一定会公布业绩有重大改善，于是，想搏一下该股的报表，做一次短线炒作，便在当天大胆跟进。岂料第二天，该股放量不涨，有的甚至缩量盘跌，随后更是一路加速下滑，待公布业绩时，该股业绩大滑坡，股价无量下跌，有的甚至连连跌停，使投资者深度套牢。

至此，我们可以将中报或年报公布前的股票走势行情，归纳为以下3种：

（1）股价一直长时间在上升通道中运行，股价大幅涨升，有的甚至翻番，该股一般业绩优秀，一定有长线庄家入驻。待优良的业绩公布后，通常伴有高送配的消息。复牌后，会放出巨大的成交量，庄家借利好出货。

（2）股价在报表公布前，一直做窄幅盘整，但是于某一天温和放量，股价稳步推高。该股通常业绩不错，但无长线庄家炒作。业绩公布复牌，成交量放大为短线炒手出货。

（3）报表公布前，股价一直在下降通道中，业绩报表在所有报表截止日前几天还迟迟不露面，股价却于某一天突然放量，这通常是被套庄家反多为空，制造成交量放大的陷阱，这种陷阱是值得投资者提防的。

可见，在上市公司的中报或年报公告前，面对个股成交量突然放大的现象，投资者要认真分析，切忌盲从被套。

3. 高送配除权后的成交量放大

庄股炒作的一条铁律是该股一定有大比例的送配消息。在大比例送红股、用公积金转送和配股的消息公布前，庄股通常都已被炒得很高，这时候，一般稍有买卖股票经验的投资者都不会在高位买进。所以，股价要在高位企稳一段时间，等待送红股或公积金转送的消息，一旦消息公布，炒高了的股票大幅除权，使价位降到很低。这时候，庄家利用广大中小投资者追涨的心理，在除权日大幅拉抬股价，造成巨大的成交量。

值得指出的是，庄家利用除权后的成交量放大制造陷阱，有可能在除权当天进行，也可能要过几天，要根据当时的大局而定。如果庄家一次出货不尽，就会在除权后多次震荡，设置各种看似筑底成功的假象，在放量上攻途中出货。因此，投资者要考察除权后流通股数量的大小及有无后续炒作题材，切不可见放量就跟，见价涨就追。

4. 逆大势下跌而放量上攻

有些股票可能长时期在一个平台或一个箱体内盘整，但是，有一天在大势放量下跌、个股纷纷翻绿、市场一片哀叹之时，该股却逆市飘红，放量上攻，造成"万绿丛中一点红"的市场效果。这时候，许多人可能会认为，该股敢逆市而为，一定有潜在的利好待公布，或者有大量新资金注入其中，于是大胆跟进。谁料该股只有一两天的行情，随后反而加速下跌，使许多在放量上攻那天跟进的人被套牢。

一般来说，庄家利用了人们反向操作的心理，在大势下跌时逆势而为，吸引市场广泛的关注，然后在拉抬之中达到出货的目的。在这种情况下，庄家常常是孤注一掷，拼死一搏，设下陷阱，而许多短线炒手也正好想孤注一掷，舍命追高，正好符合庄家的心愿，因此，这种陷阱很容易使短线投资者上当受骗。

　　总之，庄家在吸筹的时候，由于成交量不需要太大，所以投资者只要有耐心，在底部多盘整一段时间，可以在一定程度上避免被套。庄家要出货的时候，由于手中筹码太多，总得想方设法设置成交量的陷阱，因此，我们在研究量价关系时，应全面考察一只股票长时间（半年或一年以上）的运行轨迹，了解它所处的价位和它的业绩之间的关系，摸清庄家的活动迹象及其规律，以避免在庄家放量出货时盲目跟进。

在量价变化中把握赚钱时机

我们在前面已经深入探讨了量价关系，那么在不同的量价态势中，投资者应该怎样操作，才能果断地把握住赚钱时机呢？下面我们来详加分析。

1. 低量低价

低量低价主要是指在个股（或大盘）成交量稀少的同时，个股股价也非常低的一种量价配合现象。低量低价一般只会出现在股票长期底部盘整的阶段。当股价从高位一路下跌后，随着成交量的明显减少，股价在某一点位附近止跌企稳，并且围绕这一点位进行长时间的低位横盘整理。经过数次反复筑底后，股价最低点也日渐明朗，与此同时，由于量能逐渐萎缩至近期最低值，从而使股票的走势出现低量低价的现象。

低量低价的出现只是说明股价阶段性底部形成的可能性大大增加，而不能作为买入股票的依据。投资者应在研究该股基本面是否良好、是否具有投资价值等情况后再做出投资决策。

2. 量增价平

量增价平主要是指个股（或大盘）在成交量增加的情况下，个股股价几乎维持在一定价位水平上下波动的一种量价配合现象。量增价平既可能出现在上升行情的各个阶段，也可能出现在下跌行情的各个阶段中；它既可以作为卖出的信号，也可以作为买入的信号。

区别买卖信号的主要特征是要判断"量增价平"中的"价"是高价还是低价。如果股价在经过较长时间的上涨后处于相对高价位区时，成交量仍在增加，股价却没能继续上扬，呈现出高位量增价平的现象，这种股价高位放量滞涨的走势，表明主力在维持股价不变的情况下可能在悄悄出货。因此，股价高位的量增价平是一种顶部反转的征兆，一旦股价掉头向下运行，则意味着股价顶部已形成，投资者应注意股价的高位风险。

如果股价在经过一段较长时间的下跌后处于低价位区时，成交量开始持续放出，股价却没有同步上扬，呈现出低位量增价平的现象，这种股价低位放量滞涨的走势可能预示着有新的资金在打压建仓。一旦股价在成交量的有效配合下掉头向上，则表明股价的底部已形成。

3. 量增价涨

量增价涨主要是指个股（或大盘）在成交量增加的同时，个股股价（或大盘指数）也同步上涨的一种量价配合现象。量增价涨只出现在上升行情中，而且大部分出现在上升行情初期，也有小部分出现在上升行情的中途。经过一轮较长时间的下跌和底部盘整后，市场中逐渐出现诸多利好因素，这些利好因素增强了市场预期向好的心理，换手逐渐活跃。随着成交量的放大和股价的同步上升，购买股票在短期内就可以获得收益。

4. 量缩价涨

量缩价涨主要是指个股（或大盘）在成交量减少的情况下，个股股价（或大盘指数）反而上涨的一种量价配合现象。量缩价涨多出现在上升行情的末期，偶尔也会出现在下跌行情的反弹过程中。在持续上升行情中，适度的量缩价涨，表明主力控盘程度较高，大量流通筹码被主力锁定。但毕竟量缩价涨所显示的是一种量价背离的趋势，因此，在随后的上升过程中，如果出现成交量再次放大的情况，可能意味着主力在高位出货。在持续的下跌行情中，有时也会出现量缩价涨的反弹走势。当股价经过短期内的大幅下跌后，由于跌幅过猛，主力没能全部出货，他们会用少量资金再次将股价拉高，造成量缩价涨的假象，从而利用这种反弹走势达到出货的目的。总之，对量缩价涨的行情，投资者应区别对待，一般应以持股或持币观望为主。

5. 量增价跌

量增价跌主要是指个股（或大盘）在成交量增加的情况下，个股股价（或大盘指数）反而下跌的一种量价配合现象。量增价跌现象大部分出现在下跌行情的初期，也有小部分出现在上升行情的初期。

在下跌行情的初期，股价经过一段较大的上涨后，市场上的获利筹码越来越多，投资者纷纷抛出股票，致使股价开始下跌。也有一些投资者对股价走高仍抱有预期，在股价开始下跌时还在买入，多空双方对股价看法的分歧是造成股价高位量增价跌的主要原因。这种高位量增价跌的现象持续时间一般不会很长，一旦股价向下跌破重要的支撑位、股价的下降趋势开始形成后，量增价跌的现象将逐渐消失，这种高位量增价跌现象是卖出的信号。

当股价经过较长时间的下跌和底部较长时间盘整后，主力为了获取更多的低位筹码，采取边打压股价边吸货的手段，造成股价走势出现量增价跌现象，但这种现象会随着买盘的逐渐增多、成交量的同步上扬而消失，这种量增价跌现象是底部买入的信号。

6. 量缩价跌

量缩价跌主要是指个股（或大盘）在成交量减少的同时，个股股价（或大盘指数）也同步下跌的一种量价配合现象。量缩价跌现象既可能出现在下跌行情的中期，也可能出现在上升行情的中期。

在上升行情中，当股价上升到一定高度时，成交量开始减少，股价也随之小幅下跌，呈现出一种量缩价跌现象，这种量缩价跌是对前期上升行情的一个主动调整过程，"价跌"是股价主动整理的需求，是为了清洗浮筹和修正技术指标，"量缩"则表明投资者有惜售心理，当股价整理完成后又会重新上升。

在下跌行情中，当股价开始从高位下跌后，由于市场预期向坏，一些获利盘纷纷出逃，而大多数投资者选择持币观望，市场承接乏力，因而造成股价下跌、成交萎缩的量缩价跌现象。这种量缩价跌现象的出现预示着股价仍将继续下跌。

上升行情中的量缩价跌表明市场充满惜售心理，是市场的主动回调整理，因而投资者可以持股待涨或逢低介入。不过，上升行情中价跌的幅度不能过大，否则可能就是主力不计成本出货的征兆。下跌行情中的量缩价跌表明投资者在出货后不再做"空头回补"，股价还将维持下跌，投资者应以持币观望为主。

总之，投资者可以从量价变化中捕捉宝贵的获利时机，这就需要投资者在炒股实战中，认真分析量价变化，从中把握属于自己的机会。

第四章
看懂主力，擒住大牛

在股市中，主力通常会对股价产生一定影响。投资者要想在股市中获利，需要能够识别主力，并在此基础上，判断股价的未来走势。这样的话，一方面可以避免被套，另一方面可以把握获利时机。有的时候，即便是牛市，也有投资者没有赚到钱，甚至还亏了钱，其中一个重要原因，便是没能识别主力。因此，看懂主力，可以说，能让股市无论何时都成为你的"牛市"。

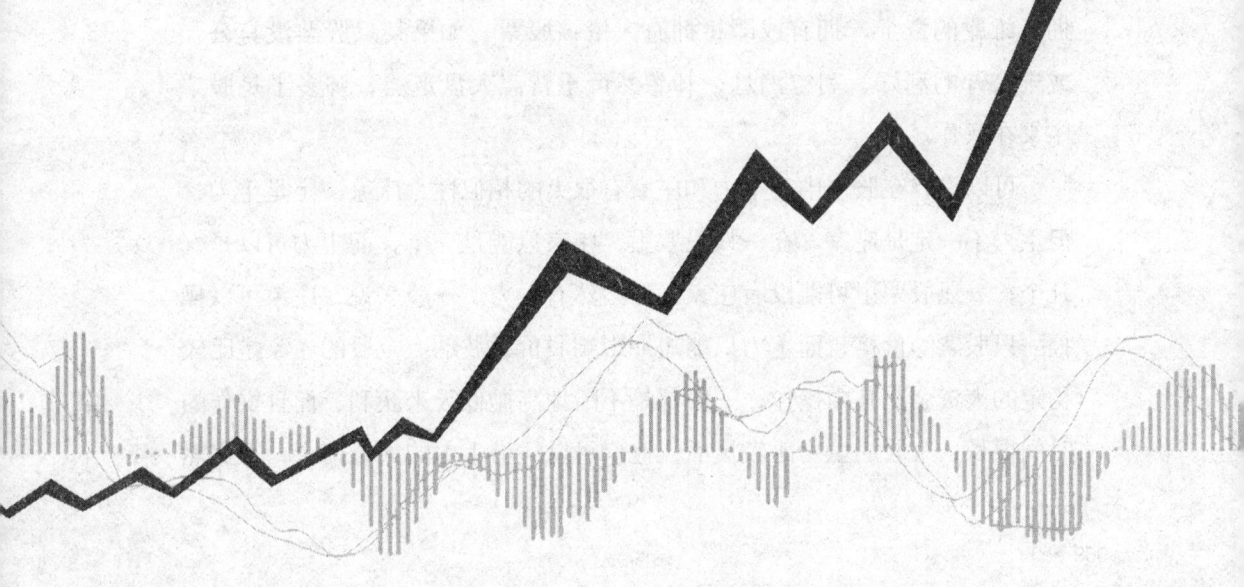

详解主力和庄家

在股市中,主力和庄家是两个出现频率较高的词汇,也是容易被投资者混淆的词汇。那么,什么是主力,什么又是庄家呢?二者存在什么样的关系呢?

顾名思义,主力即指主要的力量,在股市中,主力在一只股票里面持有了一定的数量,但还没有达到控盘的程度,也就是说,股票主力是指持股数量较多的机构或大户,每只股票都存在主力。

庄家是指在一只股票里面控制了流通盘的一定比例,并达到了控盘的程度,从而能在很大程度上决定该股票的走势。一般来说,股票庄家都拥有雄厚的资金,拥有或即将拥有大量该股票。如果某只股票没有公开或未公开的利好、利空消息,却忽然严重背离大盘走势,则多半是股票庄家在操作。

可以说,在股市中,主力和庄家有很大的相似性,庄家一定是主力,但主力不一定是庄家。在一只股票里,庄家只能是一个,而主力可以是好几个;一只股票里可能没有庄家,但必然有主力。一般来说,庄家可以操控一只股票的价格,而主力只能短期影响股价的波动。个股的庄家是比较稳定的大资金在其中操作,一般都是不断地高抛低吸来获利,而且操作的时间很长;个股的主力比较灵活,他们可以凭借手中的大量资金,很突然地操作一波上涨或者打压下跌，然后离开，时间上相对较短。如果庄家和主力的资金足够强大，也可以做多只股票的庄家或者主力。

因此，主力和股票庄家都是以影响股价涨跌从中获利的。实际上，基于主力和庄家的相似性，很多时候，人们把主力和庄家两个词语混用。一般来说，庄家大多占有某只证券50%以上的发行量，有时，庄家的控量也不一定达到50%，需看各品种而定，一般达到10%~30%即可控盘。另外，由于期货的交易量和资金量巨大，所以在期货市场上很少出现庄家。

综上所述，庄家实际上是持有大量流通股的股东，如果庄家坐庄某只股票，就可以影响甚至控制它在二级场（如证券发行市场）的股价。在股市中，"庄家"的相对概念是"散户"，即进行零星小额买卖的投资者，这一般是指小额投资者，或个人投资者。

在中国，庄家的发展有一个过程。早在1990年3月，随着深圳股票市场的活跃，庄家活动也随之发展起来。由于种种原因，当时的庄家主要是在场外、街头，用大唱利好（或利空）等手法，来影响股价升跌。

中国股市上第一次出现庄家的大规模活动，是在1990年6月，深圳的股票大户联手炒上海股票。当时，深圳的股票热潮愈演愈烈，而上海股市却相对冷清。这时，深圳一群眼光独到的大户，联手携巨资3000万元人民币奔袭上海股市，并大肆购买股票，把上海股价炒得飞扬起来，从而开启了中国股市上的庄家第一次正式操控股票走势的先河，庄家也从街头转移到了股市，成为影响股市走向的一种重要力量。

一般来说，庄家炒股票的直接目的就是获利。与散户不同的是，庄家可以控制股票的走势和价格，也就是说散户获利是靠期待股价上涨，而庄家则是自己拉动股价上涨。因此，庄家炒作股票通常包括四部分，即建仓、拉高、整理、出货；另外，我们也可以用3个字来描述庄家炒作股票的过程，即"吃""拉""出"。

"吃"的时候，庄家会选择股价较低时，而且希望越低越好；在吃货结束之后，一般会有一个急速的拉升过程，即进入"拉"的阶段；当庄家认为出货时机未到时，就需要在高位进行横盘整理，一般是打个差价，部分散户可能在此时认为有利可图，就予以出货，而庄家出货则一般要做到头部，这时，成交量大、股价振幅大，即为"出"的阶段。庄家对股票进行控盘并获利的示意图如下：

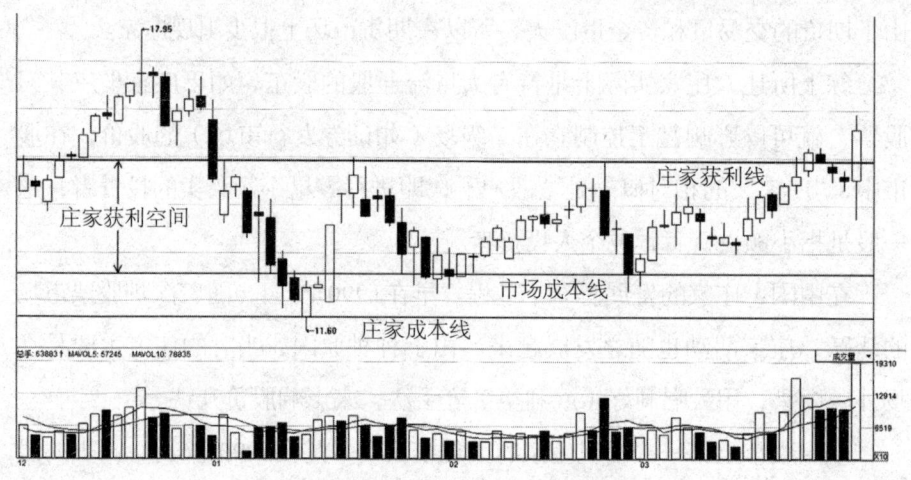

图4.1　庄家控盘示意图

通常情况下，庄家成本线要低于市场成本线，庄家获利线又高于市场成本线，在市场成本线与庄家获利线之间，是比较大幅度的庄家获利空间，正如图4.1所示。

总之，在股市中，主力和庄家是散户投资者务必要密切关注的。实际上，主力和庄家的获利，很大部分便是源于广大散户投资者的被套。当主力对某只股票的影响达到控盘程度时，主力就演进成了庄家，所以，在股市中识别主力和庄家，对于推测股价走势非常重要。

快速识别主力进场

我们通常说在股市中"主力进场",主要是指主力资金进入了股市。主力资金是指在股票市场中能够影响股市,甚至控制股市中短期走势的资金。一般来说,主力资金对个股和板块的影响都十分重大,主力资金的流入流出会直接影响着个股的涨跌,以及板块的轮动。

可以说,投资者能否快速识别主力进场,会对看盘成败起到重要的作用。任何一只股票,都会有主力进场操作。有主力进场的股票,有两个显著特征:一是涨得快,二是跌得慢(也叫抗跌)。

在股市分析中,投资者掌握由繁从简的思路很重要,比如说,"低点不断抬高"就是主力进场的强烈信号;反过来说,高低点不断降低,则应该警惕主力减仓,散户投资者则应考虑立即撤出,以免被套。一般来说,有三种涨势可以作为投资者考虑持有的股票形态,具体如下:

(1)买点线。通常来说,股价下跌到买点线的位置时,会重新上涨,因此,投资者在接触这个位置的瞬间,可以考虑战略性买进。

(2)主力成本线。一只股票长期下跌后,K线上出现连续3个不断抬高的低点,可以理解为主力进场信号,这3个或3个以上的低点连接线就是主力的筹码成本线。

(3)趋势线。也就是股票价格的低点连接线,一般在20、30日线之上，不破不卖，破了3周不收回就逢反弹高点时卖。主力在没有撤离前，通常不会跌破趋势线。

图4.2是主力逢低放量示意图：

图4.2　主力逢低放量示意图

上图中，当股价处于低位时，K线图中会出现一个大阳线或大阴线，引诱K线图中下方的成交量出现放大，主力得以实现在低价位吸筹的目的。此时说明，主力进场，散户投资者需多加小心，避免被套。为此，投资者需要注意以下事项：

（1）注意捕捉大盘跌时抗跌，涨时比大盘强劲的股票品种。这种"大涨小回"型的股票一般都有强庄在内，而且这种操盘手的风格比较独特，不轻易受外围因素影响。

（2）"洗得越凶，涨得越猛"。一般讲，强势牛股启动和爆发前，都会有一个明显的、独特的技术K线形态出现。有的股会出现W底或头肩顶的技术形态，有的是属于持续下跌的过程中出现一个量价配合良好的底部特征，显示主力回吃筹码的迹象，而当大众一致看好时，突然迅猛地砸盘。从技术走势上来看，在临近收盘的最后半小时，股票价格突然破位，大幅跳水，而第二天却高开高走。这是主力结束洗盘、强劲拉升的重要信号。

（3）政策面和基本面。受政策扶植或行业板块持续向好，促使这类股票提前于大盘结束整理的、先大盘而动的龙头品种，这些股票往往能够成为中期向好的强势牛股。

（4）以横盘代替调整的个股。一般来说，大盘经过一定的涨幅后，必然要进行合理的震荡整理，消化获利盘的打压再持续上行，通常指数会有15%～20%的调整幅度。在大盘调整的过程中，有少数的强势牛股拒绝回调，这是因为主力非常看好该股的后市，主力害怕筹码丢失，因而拒绝调整回落。可以说，以横代调的个股，往往就是下一轮行情的强势牛股。

另外，主力在进场建仓、吃货时，会有几个基本特征，投资者能够快速掌握这些特征的话，也有利于快速判断主力的动向。这些基本特征有：

（1）长期下降趋势终结，如5～20日均线开始逐步掉头向上。

（2）放量杀跌后，股票维持一段比较长时间的缩量运行，有的是几个月，有的则是半年以上的无量横盘，随后成交量开始温和放大，换手率基本保持在5%～7%，股价出现连续2～3个不断上行的低点。

（3）即使有利空消息，由于股票价格不再受此消息的影响而下挫，因而在利空不断的环境下却逆势上涨，说明背后有大资金看好并吃进。

（4）周K线、月K线指标重新向上出现金叉。

（5）消息面上很少听到有关此类个股的推荐、唱多，但是，股价开始强于大盘并独立于大势，显著的特征是：大盘上涨的时候，个股涨的比大盘快，大盘下跌的时候，个股以横盘代替整理并拒绝下跌。

总的来说，投资者在判断主力是否建仓某一只股票时，要综合考量多个指标，切忌片面分析。

主力洗盘与出货

　　主力洗盘是指主力把低成本的筹码震荡出来，通过其他非自己的散户或中户进行换手，达到抬高筹码成本的目的，为轻松拉高做准备。一般来说，在没有空杀空的情况下，许多投资者在买进某种股票以后，由于信心不足，常致杀低求售，从而被主力洗盘洗掉，然后只能眼睁睁看着股价一直涨上去而望洋兴叹。

　　所谓"空杀空"，是指投资者普遍认为当天股价将下跌，于是都抢空头帽子，然而股价却没有大幅下跌，无法低价买进，交割前，就只好纷纷补进，因而反使股价在收盘时，大幅度升高的情形。简言之，"空杀空"是指卖出股票后又立即买进股票的做法，与"多杀多"是一个相对的概念。

　　所谓"多杀多"，是指投资者普遍认为当天股价将上涨，于是市场上抢多头帽子的特别多，然而股价却没有大幅度上涨，等交易快结束时，又竞相卖出，造成收盘价大幅度下跌的情况。简单来说，"多杀多"是指买入股票后又立即卖出股票的做法。

　　总的来说，投资者要对主力的洗盘技巧务必熟知，而主力的洗盘方式也不外乎以下几种：

　　（1）开高杀低法。常发生于股价高档无量，而低档接手强劲之时，投资人可以看到股价一到高档（或开盘即涨停）即有大手笔进入杀跌，但股价却是不跌停，不然就是在跌停价位，不断产生大笔买盘。此时缺乏信心的投资者低价求售，主力于是统统吃进，等到没有人愿意再低价卖出、压力不大时，再一档一档地向上拉升，如果拉了一二档压力不大，可能会急速接到涨停，然后再封住涨停，所以，当投资者看到某股低位大量成交时，应该勇于大量承接，必有收获。

（2）跌停挂出法。主力一开盘就全数以跌停挂出，也以跌停杀出，待跌停杀出的股票到达一定程度而不再增加时，主力迅速将自己的跌停挂出单取消，一下将散户的跌停抛单吃光，然后往上拉抬，如果当天的筹码不够，则第二天可能还会如法炮制，投资者亦应在此时机低价买进才是。

（3）固定价位区洗盘法。此种情况的护盘特征是股价不动，成交量却不断扩大。其洗盘的方式为：某股涨停是25元，跌停是15元，而主力会在18元处限价以超大量的单子挂入。这样做的结果，将导致一整天的股价"静止"在17元到18元之间，只要股价久盘不动，大部分人将不耐烦地抛出，不管再多的量全部以17元落入主力的手中，直到量大到主力满意为止。

（4）上冲下洗法。当股价忽高忽低，而成交量也不断扩大时，投资者应该设法在低价位挂进股票。此法乃是主力利用开高走低、拉高、掼低再拉高，将筹码集中于自己手上的方法，故称为"上冲下洗"。此法综合开高走低法和跌停挂出法而成，将会造成特大的成交量。

在洗盘阶段，K线图会显示出这样几点特征：第一，大幅震荡，阴线阳线夹杂排列，市势不定；第二，成交量较无规则，但有递减趋势；第三，常常出现带上下影线的股票十字星；第四，股价一般维持在庄家持股成本的区域之上，若投资者感到仍无法判断，可以关注10日均线，非短线客则可以关注30日均线；第五，按K线组合的理论分析，洗盘过程即整理过程，图形上也都大体显示为三角形整理、旗形整理和矩形整理等形态。

主力出货则是指以基金、券商、保险、信托、私募、大户联合等为代表的，能够主导股价走势或者能够对股价走势产生较大影响的主力资金，在拉高股价后，有计划、有策略地，或分批或集中性地卖出股票的行为。

一般来说，主力出货时，一般有这样几个手法：

（1）规律性出货法。有的庄家为了出货，故意每天低开，全天多数时间让股价低位运行，然后尾市拉高，连续数天这样，给自以为聪明的投资者造成短线操作可以获得丰厚利润的感觉，一旦某天接盘众多，便果断砸盘出货。

（2）大异动出货法。在盘面上挂出连续大买单，一分钱一分钱地把价格往上推，推到一定程度后突然跳水，把来不及撤单的买单砸成交等。

（3）大题材出货法。如果这个股票价格已经高了，先高比例送股，后改个适合当时热点的名字，其后送一个特别大的利好，紧接着出货。

（4）快速直线出货法。其特点是快速持续地将大笔筹码抛出，使股价快速下跌。这一出货方式常见于前期股价已有较大升幅的股票，由于庄家获利颇丰，以这种方式出货可以迅速落袋为安，并减少随后可能发生的风险。缺点是由于出货手法迅速简单，出货过程中股价下跌幅度较大，庄家获利程度相对减少。此手法一般运用于大盘疲软，市场对后市预测趋淡等情况。出货，表明庄家急于了结的心态较盛。这时，庄家往往集中于出货，有时连拉数根阴线，并对股票本身造成极恶劣的市场影响，人气一时难以恢复，需要一段时间的修整，因此，投资者不宜过早介入，而应冷静观察其底部调整情况，相机而动，否则极有可能被套。

（5）无量阴跌出货法。事实上，在正常情况下，许多股票的庄家是以较温和的成交量慢慢阴跌出货的，这种出货手法较隐蔽，不易引发跟风出货的现象，对股票后市的走势也留有余地。

我们接下来通过一个案例来具体了解主力建仓、洗盘、拉升和出货的过程（见图4.3）：

第四章 看懂主力，擒住大牛

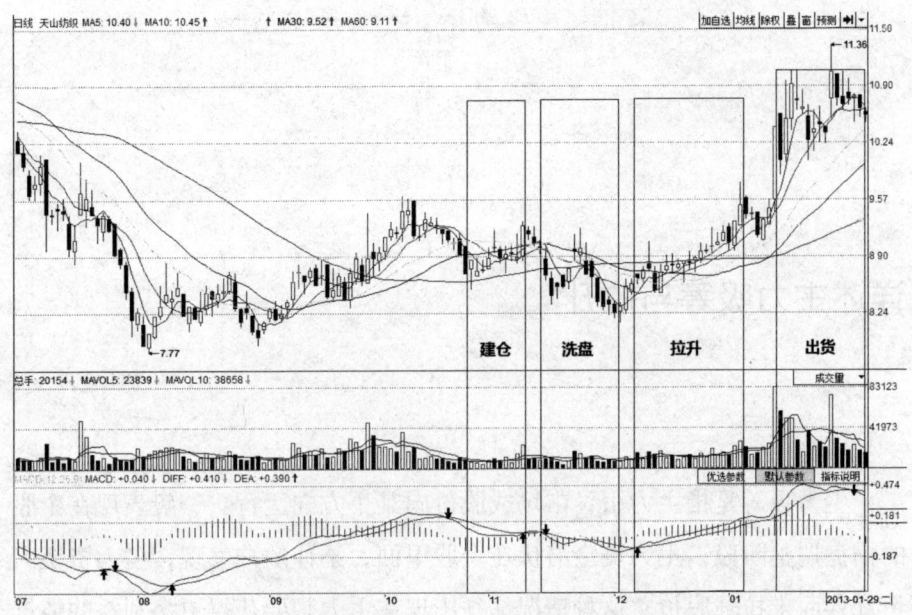

图4.3 主力建仓、洗盘、拉升与出货示意图

第一阶段，建仓。该阶段的K线图和成交量图均出现大红柱（图中为黑色柱），并连续飘红，显示大资金入场。

第二阶段，洗盘。资金在第一波入场后，出现缩量调整，然后短中长三线向下，但仍然高于平均线，显示主力资金未出，为洗盘阶段。

第三阶段，拉升。K线图和成交量图再次连续飘红，显示资金第二波进驻和拉升。

第四阶段，出货。洗盘后的第三波拉升，但三线向下，显示主力资金控盘，并有逢高派发之意。

总之，当主力控盘时，后市很有可能形成一波不错的拉升行情，而主力出货后，股价一旦跌破支撑，后市可能会形成一波一蹶不振的下跌行情，此时投资者必须注意后市的风险。

详述主力吸筹与拉升

主力吸筹是指主力引导市场或股价向某个方向运行。一般表现在个股的横盘调整阶段，主力资金潜伏在个股里面，不让散户发现，主力资金大量介入而未拉升股价。这种情况往往出现在主力想要获得更多利益的情况下，从而低买高卖。

可以说，主力吸筹改变了一只股票的供求关系，使得一只股票的下跌动能被完全抵消，股价呈现缓慢上扬的格局。主力之所以选择"缓慢上扬"，是因为若坐庄于一只股票，需要大量的筹码，主力吸筹过猛的话，会引发这只股票迅速上涨，从而暴露主力的意图，引起市场公众的追涨，这是主力吸筹时所忌讳的，所以，主力的吸筹永远是温和而隐蔽的。

一般来说，主力最常用的吸筹手法是"盘中震荡推高股价吸筹"。投资者如果发现目标股票的涨幅在5%以内，可以考虑及时跟进；如果发现涨幅较大则需观望不能盲目追高。在具体看盘时，投资者若发现当日收盘有这些情况出现，便可以视为主力在进行吸筹：震荡推高股价吸筹后，股价被快速拨高、大涨甚至涨停；震荡推高股价吸筹后，股价维持强势上升至收盘；震荡推高股价吸筹后，遇大盘走弱，股价下午下跌，以长上影线收盘；震荡推高股价是主力制造吸筹的盘口陷阱，引诱跟风盘，拨高后打压出货。

我们来看下面的一个主力吸筹示意图（见图4.4）：

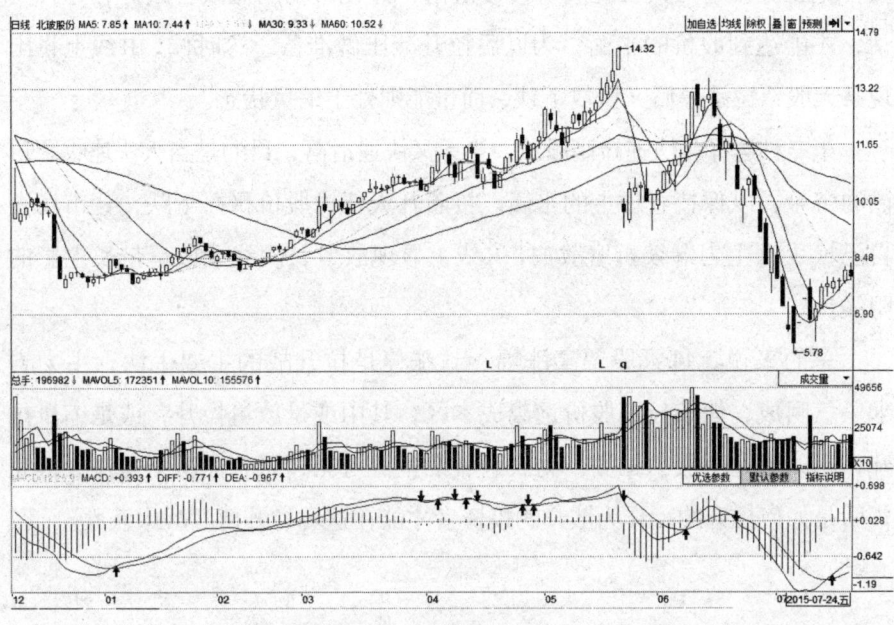

图4.4　主力吸筹示意图

我们在看了上面的主力吸筹示意图后，可以总结出一个经验：投资者在发现个股庄家吸筹时，不要急于跟进，观察该股尾盘股价表现，若能维持强势收盘才考虑择机介入，否则要慎重。

一般来说，主力通过前期的低价吸筹，一旦筑底完毕，就意味着主力吸完了筹码，接下来就是准备拉升股价。在拉升前，股票常会突然放量拉升几天，然后又缩量回到启动前的位置，这是主力在试盘。

通常情况下，股票进入拉升前，主力会先用部分资金进行试盘，看看买盘和抛盘有多大。主力先行挂单，对敲买卖以推高股价。这个过程中产生的量，基本上是主力用自身筹码和自身资金在进行活动。

如果市场上的大多数人在抛售，盘面将出现抛压沉重的状况，此时主力有两种选择：

第一种选择是快速拉高封上涨停板，目的是虚造声势推高股价，以减轻抛压。接着几天会让股价慢慢滑落，好让市场的短线客跟进，这样的话，才能达到股价的平衡，为以后拉升减压做准备。这时候，K线上将出现某天股票拉涨停后又恢复下跌，而量能则处于缩量状态。

第二种选择是快速拉高股价，当天又快速滑落，目的是当天快速收回自己的资金，以保持仓位上的平衡。接着几天任由股价飘摇下跌，让市场去自己换手，主力继续折磨散户，K线上显现放量长阴线或放量带长上影的阴线。

总的来说，每天股票高涨幅、封涨停是拉升战的主要手法，主力力求一气呵成，快速拉高股价远离成本区，其中或是放量拉升，或是缩量拉升，目的都是把股价拉高，为获利做准备。可见，只有懂得主力在吸筹完毕后是如何拉升的，作为散户的投资者才能在这场拉升博弈战中获胜。

几招识破庄家的炒作技巧

股票市场中正是因为有了主力和庄家的炒作，才使得股市险象环生而充满机会与活力。随着股市的蓬勃发展，以及入市的投资者越来越多，庄家的炒作技巧可谓飞速发展，从而导致广大投资者追涨杀跌。实际上，股市中，很大程度上是庄家与散户投资者的博弈。如此看来，能够有效地识破庄家的炒作技巧，对于散户投资者来说可谓非常重要。接下来，我们看一下庄家常用的7个技巧，以及相应的对策。

1. 涨跌停板计策

庄家发力把股价拉到涨停板上，然后在涨停价上封大量（如几十万股）的买单，由于买单封得不大，于是全国各地的短线跟风盘蜂拥而来，然后主力就把自己的买单逐步撤单，然后在涨停板上偷偷地出货。当下面买盘渐少时，主力又封上大量地买单，再次吸引最后的一批跟风盘追涨，然后又撤单，再次派发。因此，放巨量涨停，十之八九是出货。有时，早上一开盘，有的股票就以跌停板开盘，把所有集合竞价的买单都打掉，许多人一看见这种情况，就会有许多抄底盘出现，如果不是出货，股价会立刻复原；如果在跌停板上还能从容进货，就证明主力用跌停出货。

2. 盘口异动误区

有些个股，本来走得很稳，突然有一笔大单把股价砸低5%，然后立刻又复原，买进的人以为捡了个便宜，没有买进的也认为值得去捡这个便宜，所以积极在刚才那个低价位上挂单，然后庄家再次往下砸，甚至砸得很低，把所有下档买盘都打掉，从而达到皆大欢喜的结局。散户以为捡了便宜，而庄家为出了一大批筹码而高兴。这是庄家打压出货的手法的变异。

3. 盘口委托单策略

在证券分析系统中的若干个（如3个、5个等）委买委卖的盘口，庄家最喜欢在此表演，当3个委买盘都是三位数的大买单，而委卖盘则是两位数的小卖单时，一般人都会以为主力要往上拉升了。这就是庄家要达到的目的，从而引导投资者去扫货，达到庄家出货的目的。

4. "推土机"式拉升

庄家在每一个买单上挂上几百手的买单，然后在若干笔委卖盘上挂上几十手的卖单，一个价位、一个价位地上推，都是大笔的主动性买盘，其实，这上面的卖单都是庄家的，吸引跟风盘跟进，此类拉升，证明顶部已不远了，股价随时都会跳水。

5. 高位盘数放巨量突破

巨量是指超过10%的换手率。这种突破，十有八九是假突破，既然在高位，庄家获利甚丰，为何突破会有巨量，这个量是哪里来的？很明显，巨量是短线跟风盘扫货以及庄家边拉边派发，从而共同成交的，庄家利用放量上攻来欺骗投资者。

6. 强庄股除权后放巨量上攻

这种情况大多是庄家对倒拉升派发。庄家利用除权，使股票的绝对价位大幅降低，从而使投资者的警惕性降低，由于投资者对强庄股的印象极好，因此在除权后低价位放量拉高时，都以为庄家再起一波，做填权行情，从而吸引大量跟风盘介入，庄家边拉边派发，庄家不拉高很多，已进场的没有很多利润也不会出局，未进场的觉得升幅不大可以跟进。再加上股评的吹捧,庄家便在散户的帮助下,把股票兑现为钞票,从而顺利出货。

7. 尾市拉高,真出假进

庄家利用收市前几分钟用几笔大单放量拉升,刻意做出收市价。此现象在周五时最为常见,比如,庄家把图形做好,吸引股评免费推荐,投资者以为庄家拉升在即,周一开市,便盲目大胆跟进而被套等。

总之,主力总要在低价位时逼迫投资者出局,高价位时引投资者追高,从而实现获利。另外,随着股市的发展,主力的炒作技巧也在不断得到淋漓尽致的发挥,因此,投资者在识破庄家炒作技巧方面也要与时俱进,不断提高自己识破庄家炒作技巧的本领。

成功跟庄的技巧

众所周知，一只股票的上涨不可能是无缘无故的，这其中主要的原因是有大资金在运作，换句话说，是有庄家在控制股价。要想在一只股票中做庄，就离不开建仓、震仓拉升、平仓这三个阶段。可以说，投资者是否能够准确地把握这三个阶段，是跟庄成功与否的关键。

一般来说，建仓作为庄家做庄三大步骤中的第一步，其手段多种多样，有按计划主动建仓的，有耐住性子慢慢吸筹的，有按约定倒仓接货的，有拉高快速主动建仓的……因此，我们有必要来对其仔细探讨一下。

股市中有谚语说："没有只涨不跌的股票，也没有只跌不涨的股票。"通常来说，一只股票如果跌得久了，筹码往往就会很分散，表现在行情上，通常就是成交清淡，甚至无人问津。大资金在进场之前，显然得首先考虑其资金的安全性、介入的价位是否合适等。于是，在其真正建仓之前，一般要有一个试盘动作，在确认盘子很轻、场内没有其他庄家的情况下，往往还要借势打压股价，在股价跌无可跌、成交极其清淡的情况下，才开始缓缓建仓。

表现在K线图上，一般是阴阳相间，成交量温和放大，股价重心不断上移，但涨幅有限。这便是"从缩量到放量"的过程。经过一段时间（一般在三个月以上）的建仓，庄家基本上吃够了一定筹码，而此时股价亦有了一定涨幅，成交也渐趋活跃起来。

此时，为了阻止散户抢筹，也为了清除一部分已获利的筹码，该股往往在攻击形态极佳之时，突然掉头向下，一路震荡走低，股价连连击穿众多"支撑"。由于多数筹码在庄家手中，而散户又不可能齐心做多，于是，庄家仅需牺牲少量筹码，便可打压股价，因此，随着意志不坚定分子的不断出局，成交量日渐稀少，最后，在连续数日持续萎缩之后，股价渐渐止跌。这便是"从放量至缩量"的过程。这其中的主要表现是：

（1）从K线组合来看，经常出现上涨时成交量显著放大，但涨幅不高的"滞涨"现象，但随后的下跌过程中，成交量却以极快的速度萎缩。有时，则是上涨一小段后便不涨不跌，成交量虽然不如拉升时大，但始终维持在较活跃的水平，保持一到两个月后开始萎缩。尽管主力暂时未必有力量拉升，但是调控个股走势的能力还是有的，比如，往往在收盘的时候会打压走向。

（2）从K线图来看，当股价在低位进行震荡时，经常出现一些特殊的图形。典型的包括：带长上、下影的小阳小阴线，并且当日成交量主要集中在上影线区，而下影线中有较大的无量空体，许多上影线来自临收盘时的大幅无量打压；跳空高开后顺势打下，收出一支实体较大的阴线，同时成交量放大，但随后未继续放量，反而急速萎缩，股价重新陷入表面上的无序的运动状态；小幅跳空低开后借势上推，尾盘以光头阳线报收，甚至出现较大的涨幅，成交量明显放大，但第二天又被很小的成交量打下来。

（3）均线系统由杂乱无章、纠缠不清，逐渐转向脉络清晰、起伏有致。从看盘技术上来说，这是建仓成功与否所表现出来的区别之处。其内在的机理是：在初期由于筹码分散，持仓的成本分布较宽，加上主力刻意打压，股价波动的规律性较差，反映到均线系统上，就是短、中、长均线不断地交叉起伏，随着主力手中持筹码的沉淀，市场上的浮动码减少了，当主力持筹到了一定的程度，往往会把股价的波动幅度减下来以拉平市场平均成本。当均线之间的距离渐渐缩至均线之间的距离甚至是重合时，就会开始试盘拉升或者是打压，由于主力对于股价有掌控力，尽管每日盘中震荡不断，但是趋势已成，而反映趋势的均线系统自然是错落有致。

（4）在建仓阶段，主力与散户实际上是处于博弈的两端，主力总是力图制造出假象迫使散户低价吐出筹码。正因如此，在底部区域的顶端，主力往往发布种种利空，或者制造形态上的空头结构，意图使市场发生心理恐慌，主动促成股价下跌。这种下跌要与建仓失败的图区分出来，下跌的幅度深度就可以分辨出主力的目标。一般来说，如果主力在下跌途中坚定持筹，并且继续逢低吸纳，这种股价就不会下跌回到前期成本密集区以下，而出货形态就没有这种情况。一只股票在建仓的阶段，这种情况可能会出现多次，但随着主力筹码的增加，振幅会减少，另外，当大盘急跌，那些振幅很小的个股，将是主力高度持仓的表现。

另外，无论是市场主力，还是散户投资者，都不得不服从市场本身的规律，任何企图扭转大势的努力往往都是徒劳的。当股市容量越来越大的时候，股价走势本身所应有的规律性便日益显现出来。在股价所有走势的规律中，最直观的就是股价走势形态了，俗称为"图形"。我们实际上就是发现那些良好的走势形态，借助这些形态来挖掘市场走向的本质，从而捕捉到最能带来丰厚利润的个股。我们据此来介绍几种跟庄技巧：

1. 重要的稳赚图形——圆底

所谓圆底，就是指股价在经历长期下跌之后，跌势逐渐缓和，并最终停止下跌，在底部横盘一段时间之后，又再次缓慢回升，终于向上发展的过程。我们说圆底是一个过程而不仅仅是一张图，由股价所描绘的图形仅仅是这个过程的表象。

一般来说，出现圆底的图形，在判断上是最可靠的。同时，这个图形形成之后，由它所支持的一轮升势也是最持久的。在圆底的形成过程中，市场经历了一次供求关系的彻底转变，把市场走势转变的全过程用慢镜头呈现给所有投资者。

应该说，圆底的形态是最容易发现的，因为它给了投资者充分长的时间去看出它的存在。但是，正是由于它的形成所需时间较长，往往反而被投资者忽视了。当股价从高位开始回落之初，人们对股价反弹充满信心，市场气氛依然热烈，因此，股价波动幅度在人们的踊跃参与下显得依然较大，但事实上，股价在震荡中正在逐渐下行。不用多久，人们发现这时的市场中很难赚到钱，甚至还常常亏钱，因此参与市场的兴趣逐渐减小。参与的人越少，股价越要向下跌，离场的人则越来越多。

然而，当成交量越来越小的时候，经过长时间的换手整理，大家的持股成本也逐渐降低，这时候股价下跌的动力会越来越弱，因为想离场的人已经离场了，余下的人即使股价再跌也不肯斩仓。这样的话，股价便不再下跌。但是这时候也没有什么人买进股票。这种局面可能要持续相当长一段时间，形成了股价底部横盘的局面。

这种横盘要持续多久很难说，有时是几个月甚至几年，有时候是几个星期，但这种局面早晚会被打破，盘局被打破的实质是市场上出现了新的买入力量，打破了原有的平衡，因而迫使股价又上行。

当股价在成交量放大的推动下向上突破时，这是一个难得的买入时机，因为圆底形成所耗时间较长，所以在底部积累了较充足的动力，一旦向上突破，将会引起一段相当有力而持久的上涨，投资者这时必须果断，不要被当时虚弱的市场气氛吓倒。

圆底的主要特征是：打底的时间较长；底部的波动幅度极小，成交量极度萎缩；股价的日K线与各平均线叠合得很近；盘至尾端时，成交量呈缓步递增，之后就是巨量向上突破阻力线；在经历了大幅下跌之后形成。

2. 重要的稳赚图形——双底

随着市场容量的扩大，技术分析在股市中的作用也越来越大。正因为市场上有太多的个人机构都依据图形来操作，图形的影响力也就越来越大。一般来说，庄家机构只能在短时间内影响股价，无法长期控制股价去形成一个大的形态。

实际上，双底也是一个可靠的底部形态。选股的时候，在实战中运用最多的往往是双底这种图形。双底形成的时间比圆底要短一些，但它常常也具有相当强的攻击力。一个完整的双底包括两次探底的全过程，也反映出买卖双方力量的消长变化，在市场的实际走势当中，形成圆底的机会较少一些，形成双底的机会反而较多。

因为市场参与者们往往难以忍受股价多次探底，当股价第二次回落而无法创新底的时候，投资者大多开始补仓介入。每次股价从高水平回落到某个位置，自然而然地发生反弹之后，这个低点就成了一个有用的参考点。市场上许多人都立即将股价是否再次跌破此点当成一个重要的入市标准。

同时，股价探底反弹一般也不会一次就完成，股价反弹之时大可不必立即去追高。一般来讲，小幅反弹之后，股价会再次回落到接近上次低点的水平，这时候应该仔细观察盘面，看看接近上次低点之后抛压的情况如何，接盘情况如何。

最佳的双底应该是这样的：即股价第二次下探时成交量迅速萎缩，显示出无法下跌或者说没有人肯抛的局面。发展到这个阶段，双底形态可以说成功了一半；另一半则取决于有没有新的买入力量愿意在这个价位上接货，即有没有主动性买盘介入。一般来讲，股价跌无可跌时，总有人去抄底，但有没有人愿意出稍高的价钱就不一定了。如果股价二次探底时抛压减轻，但仍然无人肯接货，那么这个双底形态可能会出问题，股价在悄无声息中慢慢跌破上次的低点的话，意味着探底失败，只有当二次探底时抛压极轻，成交量萎缩之后，又有人愿意重新介入该股，二次探底才能成功。

在这种主动性买盘的推动下，股价开始上升，并以比第一次反弹更大的成交量向上突破，这个双底形态才算成功。看盘高手会在股价第二次探底的时候就发现这是否是一个成功的双底，并立即做出买卖决定。

严格意义上来说，双底往往要用一个月以上才能形成，但是，有许多短线高手乐于在小时图或15分钟图上寻找这种图形。这也是一种有效的短线操作方法。

双底的重要特征是：股价两次探底，第二次底位不低于第一次底位，常常是第二次底位稍高一些；第一次探底时，成交量已经大幅萎缩，反弹自然发生；第二次下跌时成交量更小，第二次上升时有不少主动性买盘介入，成交量明显放大，以大阳突破。

3. 重要的稳赚图形——突破上升三角形

圆底和双底这两种稳赚图形都是底部形态，在那时候买入当然是最好的，如风险最小、收益最稳等。其实，还有一些令投资者赚钱的图形发生在股价上升途中。

股价的上升犹如波浪推进，有涨有落，但总的趋势向上。股价整理的意义就在于休整，如果不整理，股价不可能有能力再向上冲。

对于短线炒手来讲，股价休整的时候可以暂时退出观望，或者抽出资金来买入那些休整结束重入升势的股票。股票市场中一个很大的特点就是，每天都有许多股票进行盘整，也有一些股票完成盘整后开始新的上升，这样就给投资者很大的选择空间。

在各种盘整走势中，上升三角形是最常见的走势，也是最标准的整理形态。抓住刚刚突破上升三角形的股票，足以令投资者大赚特赚。

一般来说，股价上涨一段时间之后，会在某个价位遇阻回落，这种阻力可能是获利抛压，也可能是原先的套牢区在解套压力，甚至有可能是主力出货形成的压力。在回落的过程中，成交量迅速缩小，说明上方抛盘并不急切，只有在到达某个价位时才有抛压。由于主动性抛盘不多，股价下跌一些之后会很快站稳，并再次上攻。在上攻到上次顶点的时候，同样遇到了抛压，但是，与第一次相比，这种抛压会小一些，这可以从成交量上看出来，显然，想抛的人已经抛了不少，并无新卖盘出现。这时，股价稍作回落，远远不能跌到上次回落的低位，而成交量更小了。

于是，股价便自然而然地再次上攻，终于消化掉上方的抛盘，重新向上发展。在上升三角形没有完成之前，也就是说在没有向上突破之前，股价的发展方向还是未知的，如果向上突破不成功，很可能演化为头部形态，因此，在形态形成过程中不应轻举妄动。突破往往发生在明确的某一天，因为市场上有许多人正盯着这个三角形，等待它完成。一旦向上突破，理所当然地会引起许多人的追捧，从而出现放量上涨的局面。

一般情况下，上升三角形的形成过程是难于识别的，但是通过股价第二次回档时盘面情况的观察，可以有助于估计市场发展的方向。特别是对于个股走势判断，更加容易把握，只要仔细跟踪每笔成交，便可以了解该股回档时抛及下方支撑的力度，并分析是否属于自然的止跌，如果属于庄家刻意制造的图形，则支撑显得生硬勉强，抛压无法减轻。

上升的三角形的上边线表示的是一种压力，在这一水平上存在某种抛压，而这一抛压并不是固定不变的，一般来说，某一水平的抛压经过一次冲击之后应该有所减弱，再次冲击时更进一步减弱，到第三次冲击时，实质性的抛盘已经很少了，剩下的只是心理压力而已。这种现象的出现，说明市场上看淡后市的人并没有增加，倒是看好后市的人越来越多，由此可以想见，股价向上突破上升三角形的时候，其实不应该拖泥带水，不应该再有巨大的阻力，这就是判断一个真实的突破的关键。

如果在股价多次上冲阻力区的过程中，抛压并没有减弱，那就说明市场心态本身正在转坏，抛压经过不断消耗仍没有减少，买入的人也会逐渐失去信心，转而投降到空方阵营之中去。这种情形发展下去，多次冲击而不能突破的顶部自然就成为一个具有强大压力的头部了，于是三角形失败，成为多重顶。

上升三角形具有这些特征：两次冲顶连线呈一水平线；两次探底连线呈上升趋势线；成交量逐渐萎缩，在整理的尾端时，才又逐渐放大并以巨量冲破顶与顶的连线；突破要干净利索；整理至尾端时，股价波动幅度越来越小。

4. 重要的稳赚图形——突破矩形

矩形常被人们称为股票箱，意思是股价好像被关一个箱子里面，上面有盖，下面有底，而股价在两层夹板之间来回运动。如果这种来回运动具有一定的规律性，即上升时成交放大，下跌时成交缩小，并且随着时间的推移，成交量整体上呈缩小的趋势，这个矩形就是比较可靠的。

矩形常常是在主力机构强行洗盘下形成的，上方水平的阻力线是主力预定的洗盘位置，下方的水平支撑线是护盘底线。在盘面上，我们有时可以看到股价偶尔会跌破支撑线，但迅速回到支撑线之上，这可能是主力试探市场心态的方法。如果一个重要的支撑位跌破之后，市场并不进一步下挫，这充分说明市场抛压几乎已经穷尽，没有能力进一步下跌。

矩形有一个量度升幅，即当矩形向上突破之后，最小要向上升到矩形本身的高度那么多。一般来说，大的矩形形态比小的矩形形态可靠得多。

股价在股票箱中来回振动的次数可多可少，这决定于市场的需要。振动的次数越多，说明市场浮码清洗得越彻底。

在炒股实战中，完全标准的矩形并不常见，股价走势常常在整理的末段发生变化，不再具有大的波幅，反而逐渐沉寂下来，高点无法达到上次高点，而低点比上次低点稍高一些，这种变形的形态往往比标准的矩形更为可信，因为在形态的末端，市场已经明确地表达了它的意愿，即说明调整已到末端。因此，真正的突破不一定发生在颈线位置上，真正的看盘高手不必等到突破颈线才进货，这就需要更细致的看盘技巧。

矩形的特征是：盘整时间较长；上升压力线平行于支撑线；突破阻力线时必须伴随大的成交量；盘整期越久，将来突破之后行情就越大；具有强势股的走势特征。

此外，随着市场上个股之间走势分化情况日趋严重，投资者选股的能力显得越来越重要。大市的走势必定是波动式的，有升也有跌，只要整体趋势向上，我们就说大市向好。然而个股走势有时并非完全依照大市波动，当指数回调时，总有一些个股不仅不跌，甚至反而上升，这些个股往往是强势股。

总的来说，投资者在炒股实战中，要敏锐地判断主力和庄家的意图，一方面避免被套，另一方面争取成功跟进，从而实现成功跟庄。

第五章
涨跌停板巧操盘

股票价格既有上涨，也有下跌，正因如此，才给了投资者无限的操作空间。那么，股票在上涨时，有没有上涨的天花板，即涨到一定程度，就不再往上涨了？同样，股票下跌时，有没有下跌的底线，跌到一定程度就止跌了？诚然，股市中充满了机会，也充满了风险，为了在一定程度上遏制股票操作的风险，股市中普遍存在涨跌停板的规定。

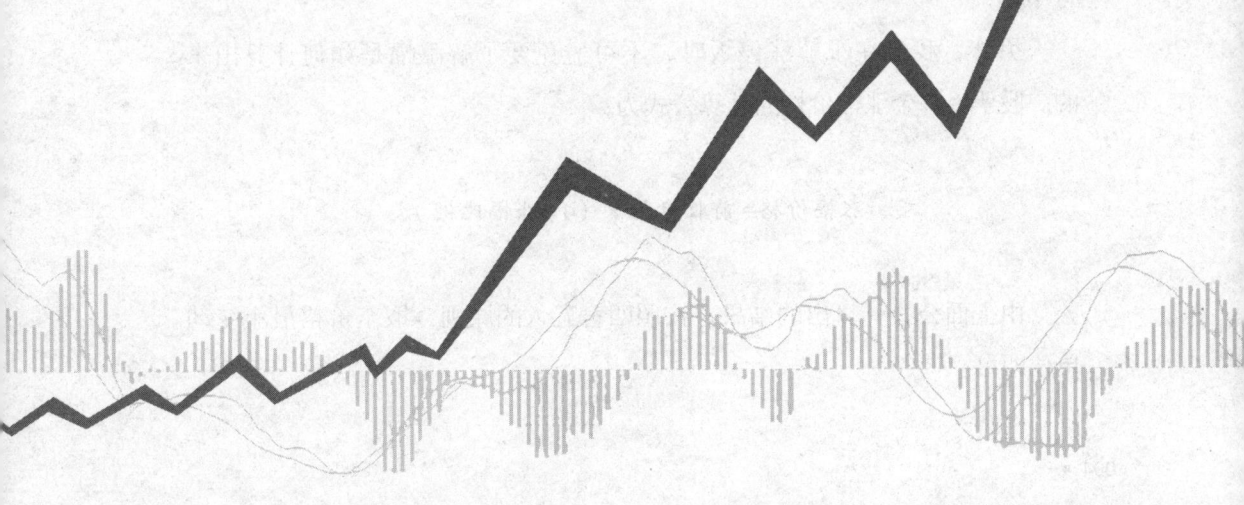

何为涨停板与跌停板

所谓涨停板，是指证券市场中，交易当天股价的最高限度。涨停板时的股价叫涨停板价。一般来说，开市即封涨停的股票，势头较猛，只要当天涨停板不被打开，第二日仍然有上冲动力；尾盘突然拉至涨停的股票，庄家则有于第二日出货或骗线的嫌疑，投资者对此需谨慎。

在中国证券市场中，A股（不含ST股）的涨幅以10%为限，即当日涨幅达到10%为涨停板；ST类股的涨幅设定为5%，达到5%即为涨停板。投资者需要注意的是，涨停板是指当日股票价格停止上涨，并非停止交易。

图5.1中，个股股价当日涨幅达到10%时，便不再继续上涨，基本以直线形态持续到收盘。这期间，成交量仍有起伏，说明股票交易仍在进行中。

另外，我们在了解涨停板时，不可避免要了解涨幅是如何计算出来的。股票、基金涨幅价格的计算公式为：

$$涨幅价格 = 前收盘价 \times (1 + 涨幅比例)$$

由上面公式计算出的结果，按照四舍五入的原则，取至价格最小变动单位即可。

当前,上海证券交易所规定,属于下列情形之一的,首个交易日无价格涨幅限制:

(1)首次公开发行上市的股票和封闭式基金;

(2)增发上市的股票;

(3)暂停上市后恢复上市的股票;

(4)交易所认定的其他情形。

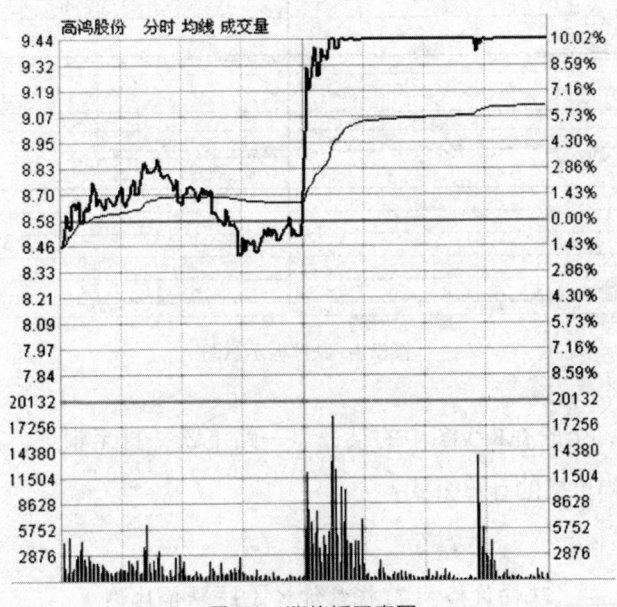

图5.1 涨停板示意图

深圳证券交易所规定,属于下列情形之一的,首个交易日不实行价格涨跌幅限制:

(1)首次公开发行股票上市的;

(2)暂停上市后恢复上市的;

(3)中国证监会或证券交易所认定的其他情形。

所谓跌停板,是指交易所规定的股价在一天中相对前一日收盘价的最大跌幅，不能超过此限，否则自动停止交易。中国现规定跌停降幅（ST类股票除外）为10%。股票处于跌停板时的价格称为"跌停板价"。一般来说，开市即跌停的股票，于第二日仍有可能惯性下跌，尾盘突然跌停的股票，庄家有骗线的可能，投资者应予关注。图5.2为个股跌停板示意图：

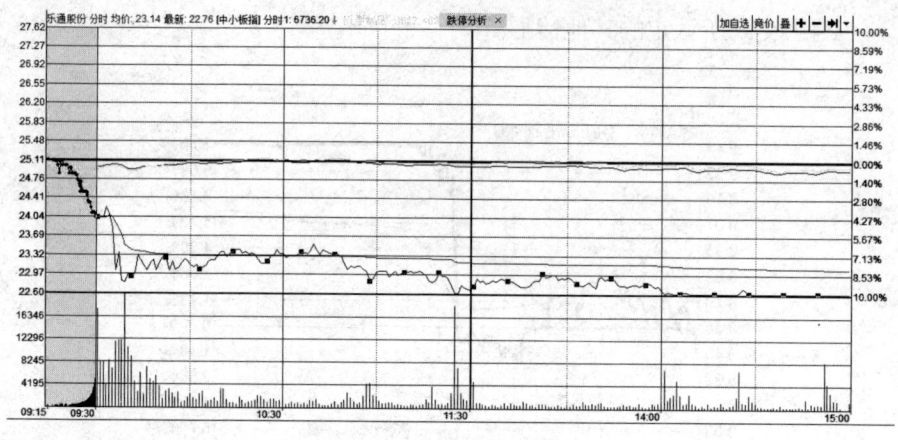

图5.2　跌停板示意图

上图中，个股在K线图中的某一点一路下跌，直至报停。我们来看股票、基金跌幅价格的计算公式：

$$跌幅价格 = 前收盘价 \times (1-跌幅比例)$$

上面公式中的计算结果同样按照四舍五入的原则，取至价格的最小变动单位。

另外，我国沪、深证券交易所规定，属于下列情形之一的，首个交易日无价格跌幅限制：

（1）首次公开发行上市的股票和封闭式基金；

（2）增发上市的股票；

（3）暂停上市后恢复上市的股票；
（4）交易所认定的其他情形。

我们在对涨停板和跌停板有了初步了解后，接下来，我们看如何识别涨停板的类型与信号。

识别涨停板的类型与信号

在证券市场，每个交易日都有个股涨停，对涨停板的几种常见类型进行了解，有助于投资者更好地了解股票市场。尤其是对于短线交易者而言，可以通过对涨停形态的初步判断，做出后市买卖交易的选择。

通常来说，涨停板有三种常见的类型，具体如下：

1. 一字涨停板

该种类型的涨停形态表现为涨停个股全天只有一个价格，即涨停价。在早盘集合竞价时间结束以后，巨量的资金委托在某一个买入价上，买入资金的数量远远大于卖出资金的数量。一般情况下，个股出了重大利好信息，会在股价上用该种形式体现出来。

对于买家来说，既然个股涉及重大利好，那么未来对其基本面的改善是显而易见的，不可盲目追高买入，要耐心等待机会，在出现明显的回调走势之后，再考虑适当介入。

一般来说，一字涨停板的特征是：每天成交量稀少，封单巨大，投资者想买都难以买到，而且成交量异常放大，虽然再次封住涨停，但后面继续封涨停的概率会大幅下降，因此，散户投资者即便买到了，也很可能被套在高位。

图5.3为一字涨停板示意图：

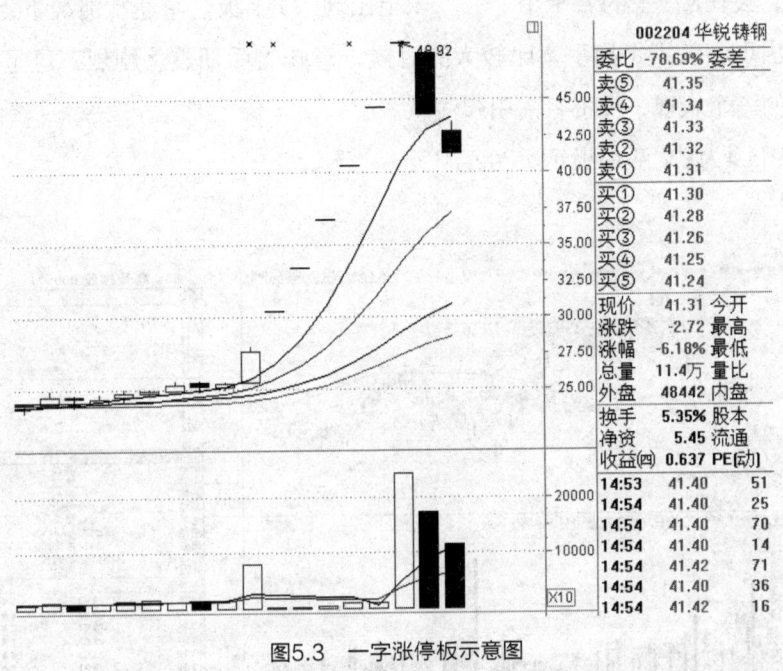

图5.3 一字涨停板示意图

2. T字涨停板

意思为当天以涨停板开盘,在连续竞价的交易过程中,涨停板被打开,但最终以涨停板收盘。

这主要分为两种形态的走势:

(1)强势T字板。股价以涨停板开盘后,只在瞬间有过被砸开的状况,股价在整个交易日大多数时间都是强势封在涨停板上。该种类型的股票可以参照一字涨停板个股的买入策略,投资者宜耐心等待相对低位的机会。

(2)反复打开的T字板。该种个股通常表现形式为,在涨停板上反复打开以后,多空双方争夺激烈。由于并不是强势的单边买入市场,建议投资者不要盲目参与进去。

一般来说,出现T字涨停的个股在复牌之后,展开连续"一"字涨停走势，会在K线上的若干个"一"以上出现"T字板"。通常情况下，T字涨停出现，特别是换手率比较大的时候，意味着后期震荡剧烈，这是庄家出货的一个表现，投资者需引起注意。

图5.4为T字涨停板示意图：

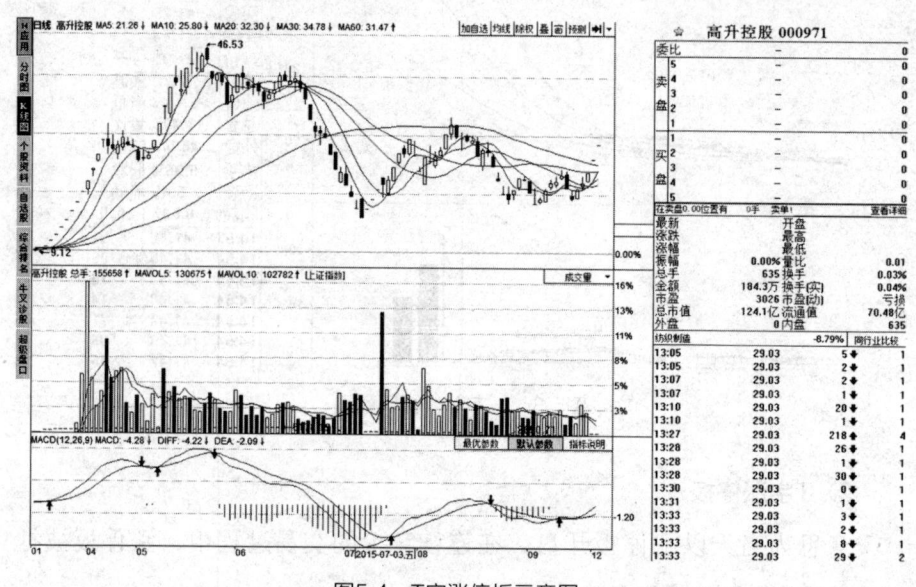

图5.4　T字涨停板示意图

3. 实体涨停板

该种涨停板表现为以低于涨停价的股价开盘，当天随着资金的介入，强势拉升至涨停板。

根据开盘价的高低、涨停板的时间，以及涨停板上资金量的大小，大致可以判断实体板的强弱。通常情况下，实体板是市场上较为健康的涨停板，配合个股消息面的强弱，投资者可以适当地在后续交易日中顺势交易，以赚取短线利益。

图5.5为实体涨停板示意图：

第五章 涨跌停板巧操盘

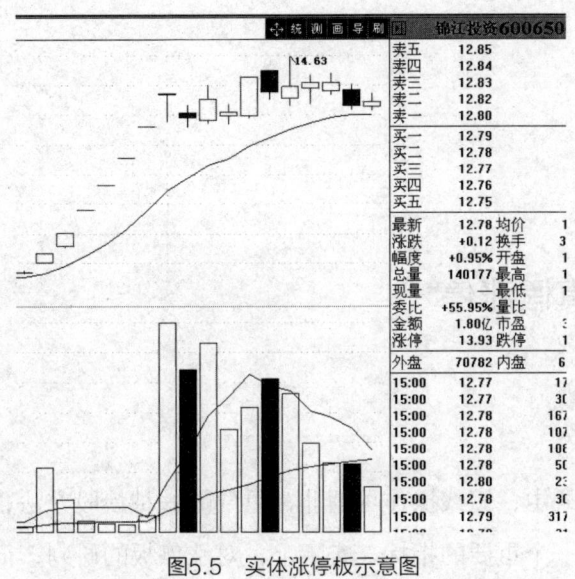

图5.5 实体涨停板示意图

一般来说，投资者在进行短线操作时，要特别注意找涨停板，并掌握股票处于涨停板时的买入信号。

通常情况下，从涨停时间上来看，先涨停要比尾盘涨停好些。因为短线跟风盘十分注意当天出现的机会，前几个涨停最容易吸引跟风盘的目光，并且在开盘不久就能涨停，本身也说明主力是有计划进行拉高，不会受大盘当天涨跌的太大影响。如果这时该股票的技术形态也不错，在众人集体的上推下，涨停往往能封得很快，而且买单可以堆积很多，上午收盘前成交量可以萎缩得很小，在下午开盘时就不会受到什么冲击，涨停封死的可能性就非常大，第二天获利也就有了保障。

从换手率上来看，第一次即将封涨停时，换手率小的要比大的好；从股价走势的动态上来看，盘整一段时间后突然涨停要比连续上涨后再拉涨停好；从大势情况来看，如果大盘当天急跌，那么有涨停也不宜追进。

在了解了涨停板的常见类型与买入信号后，我们接着来看如何判断真假涨停。

一眼看穿真假涨停

在股市实战中，短线操作可谓非常重要的一种炒股方法，而涨停板又是短线操作中一个重要的指标。实际上，对涨停板的研判，很大程度上是跟踪主力，这是因为，涨停板是短期内主力拉升大盘的极致表现。由于涨停板对短线炒作的重要性，这就使得主力和庄家会不时制造真假涨停板的现象以迷惑投资者，为此，投资者培养迅速识别真假涨停的能力就很重要。

首先，我们可以将涨停板分为不开板涨停板和开板涨停板。其中，不开板涨停板相对比较简单，而开板涨停板则比较复杂。

不开板涨停板的含义是有一部分看空的抛出，但看多的更多，始终买盘庞大，拒绝开板。造成不开板涨停板的主要原因是突发性政策利好、主力一系列的急剧拉升、个股潜在重大利好以及融资期限较短，需速战速决等。

对于开板涨停板，主要应从股价的涨幅和大势两个方面进行分析：

1. 吃货型

多数处于近日无多大涨幅的低位，大势较好。低迷市、盘整市则无须在此高位吃货，特点是刚封板时可能有大买单挂在买一等处，是主力自己的，然后大单砸下，造成恐慌，诱人出货，主力再吸，之后小手笔挂在买盘，反复震荡，有封不住的感觉。

2. 洗盘型

股价处于中位，有了一定的上涨幅度，为了提高市场成本，有时也为了高抛低吸，赚取差价，也会将自己的大买单砸漏或直接砸"非盘"（即不是主力自己的货），反复震荡，大势冷暖无所谓。

3. 出货型

股价已高，大势冷暖无所谓，因为越冷，越能吸引全场注意。此时，投资者不宜在买盘中挂太多自己的筹码。

其次，我们来判断真假涨停板。应该说，股市上设置涨停、跌停板的本意是好的，是为了抑制过度投机，而在这种交易制度下，涨停板固然也是好的，但有时涨停并不一定是好事，也可能是主力趁机出货的一种常用手段，所以，投资者要用心辨别真假涨停。

比如说，假如股价被直拉至8或9个点，而未触及涨停，尤其是早盘开盘不久，主力在吸引跟风盘之后掉头向下，往往是诱多，投资者不宜跟进；投资者要重点看委托盘，那些真要涨停的股票，一般会显示出买进委托盘不会比卖出委托盘大，因为主力的真正买盘是及时成交的，而那种很大的买盘托着股价慢慢上涨的，基本可以认为是主力在出货，投资者不能追进。

总的来说，涨停的股票可能是主力设计的陷阱，所以散户投资者所看到的未必是真实的。换句话说，涨停板上，庄家可以做很多让人想不到的事情。接下来我们介绍3种快速识别真假涨停的方法。

1. 主力利用开盘进行冲高诱多

有时，大盘开局平淡，一些个股小幅低开，没几分钟，主力便趁开盘人气未稳时，急速拉高，大有瞬间涨停的态势，但就是不涨停。面对这种情况，很多心急的投资者会全仓跟进，但是，无论大盘全天表现如何，该股股价总体呈逐波回落状态。很明显，庄家这一招，就是利用开盘进行冲高诱多，以掩护自己出货。

2. 回避当日涨停、次日低开的个股

有的股票，今天尾盘突然被庄家拉升直至涨停，很多投资者还没反应过来，交易已经结束了。第二天，主力故意低开。昨天尾盘追进的，第二天低开立即处于亏损状态，大多不愿离场；昨天没追进的，以为机会来临，马上追击。结果，主力利用强大跟风盘的力量，完成出货的目的，因此，遇到当日涨停、次日低开的个股，散户投资者要尽量回避。

3. 封死涨停的并非全是主力所为

不可否认，股价能封涨停，必须要有大量资金推高股价。大多数情况下，该股主力是决定性力量，但是，有时情况并非如此。比如，当盘中突发重大利好消息时，主力只要用几笔大单往上拉升，很多大户和散户就会疯狂抢筹，一些热门个股也会很快涨停，并且因持股者惜售，涨停后成交量变得极为稀少。很显然，除了开始时动用了一点资金，后面出力的并非庄家。

在股市中，涨停通常是引人注目的，也是容易让人激动的。其中，也有着主力和庄家布下的陷阱，就等着散户投资者被套，因此，投资者一定要能够准确地分辨真假涨停。

如何操盘涨停板

正如我们前面所说，投资者介入涨停股，一般以短线炒作为主，那么，投资者具体应该怎样操作涨停板呢？一般来说，追涨停板时，首先是选择有题材的（如热门概念股等）或新股（如上市数日小幅整理，某一日忽然跳空高开并涨停的）；其次是选股价长期在底部盘整、未大幅上涨并涨停、没有被大肆炒作的个股，或是有炒作题材的个股，利空出尽的个股，最好是属于市场热点板块，极端情况下甚至是热点中的龙头；最后是选择强势股上行一段时间后，强势整理结束而再次涨停的。通常来说，盘整一段时间后突然涨停的要比连续上涨后再出现涨停的好。

在股票出现涨停后，投资者进行追涨时的操作要点如下：

（1）在极强的市场中，尤其是每日都有5只左右股票涨停的情况下，要大胆追涨停板。极弱的市场切不可追涨停板，因为获利概率相对偏小一些。

（2）整个板块启动，要追先涨停的股票，即领头羊，在大牛市或极强市场中更是如此，要追就追第一只涨停的股票。龙头股的涨停比跟风股好，有同类股跟风涨停比没有同类股跟风涨停的好。

（3）一定要涨停，未达到涨停不要追，一旦发现主力有三位数以上的量向涨停板打进，则立即追进，动作要快。

（4）盘中及时搜索涨幅排行榜，对接近涨停的股票要考察其现价、前期走势及流通盘大小，以确定是否可以作为介入对象。当涨幅达到9%以上时应做好买进准备，以防主力大单封涨停而买不到。涨停后成交萎缩很快，如果出现连续几分钟没成交则更佳；此外，还要看收盘前几分钟封单大小，通常是较大的更好。

（5）追进的股票当日所放出的成交量不可太大，一般为前一日的1~2倍为宜，可在当日开盘半小时之后简单算出。

（6）要坚持上述操作风格，不可见异思迁，以免当市场无涨停时盲目介入其他股而被套，并失去出击的机会。

一般来说，当一段行情处于低迷时期，往往无涨停股，一旦股价强烈反弹或反转要追第一只涨停股，后市该股极可能就是领头羊，即使反弹也较其他个股力度大很多。当一波行情来临时，投资者要关注上涨空间最大的股票，这种股票通常具备如下特点：

（1）最先出现在选股强势榜上。

（2）主力预先已吸货，经过一段时间震仓后开始拉升。

（3）拉升时，5天线呈70度角上升，中间没有节点；5天线70度角以上无节点的个股升幅都很大。一波上涨结束后，二浪回调完毕，一般待30天线接近股价时再接回来。

（4）大盘支持，实际上是政策支持。

在涨停时间的具体判断方面，第一个封涨停的最好，涨停时间最好限制在10：10以前（通常来说，个股涨停时间离开盘越早，则次日走势越佳。据统计，此类个股能盈利的可能性占80%），这时，一般都是高开6%以上，并很快涨停，刚涨停时成交放巨量。上午开盘半小时后、午市收盘前涨停的个股，盈利机会要小于前者。午后乃至尾市才涨停的个股，一般均为跟风庄家，封盘不坚决，封盘量很小，这类涨停股风险较大，投资者应考虑不追进。

另外，投资者不仅要观察个股的涨幅情况，还需要观察涨幅榜中与该股同属于一个板块的个股有多少，从而判断该股是否属于当前市场的热点。投资者还可以通过量比来研判量能积聚的程度。所谓量比，是指当日成交量与前五日成交均量的比值，量比越大，说明当天放量越明显，所以，热点板块的量能积聚过程非常重要，只有在增量资金充分介入的情况下，个股才具有持久性。量比的有效放大，则在一定程度上反映了量能积聚程度的增大。

投资者还可以通过换手率分析涨停板的操作方法。通常而言，第一次即将封涨停时，换手率小的比大的好；在大盘处于弱市和盘整市时，这一点尤其重要，理想情况是普通股换手低于2%，在大盘处于强势时这个换手条件可以适当放宽，对龙头股也可以适当放宽。

另外，涨停板一般是有大资金运作的结果，涨停板的出现，反映了主力积极做多的意愿，然而其中也有不少的短线跟风资金，在涨停板后短线获利退出，制约了主力的拉升。因此，主力如果还想拉升，就必须在涨停板后的短线进行洗盘，从而洗掉那些跟风盘，投资者可以在此次回调的低点及时地买进，跟着庄家做后续的拉升，然后在洗盘结束位置的附近买入，实现轻松跟随庄家的拉升来获利。

投资者应该怎样判断涨停板洗盘结束时的买入节点呢？

1. 时间周期

关注从涨停板后的最高点回调下来的第3天、第5天、第8天、第13天的关键时间周期买卖点，强势股一般回调到第5天、第8天会有买入机会，超过13天时，行情就会走弱。

2. 黄金分割线

从涨停板后的最高K线的最高价从上往下画到涨停板前的起点，也就是波段最低点，然后在支撑线的38.2%、50%、61.8%附近买入。这时，超强势回调的股票会打到黄金分割线的38.2%；强势回调的股票会打到黄金分割线的50%；弱势回调的股票会打到黄金分割线的61.8%。

3. 均线支撑买入点

强势股的生命线一般在5日均线或10日均线附近。

我们再来看一下涨停板的阳线支撑作用。一般来说，每个主力必然有自己的操盘计划和策略，涨停板往往就是庄家积极做多的象征。就涨停板阳线而言，庄家操盘策略的弱点就在于其以全力拉涨停的那天的"收盘分时均价""实体二分之一位"和"涨停阳线下半身"这三个地方。庄家如果还要做行情的话，一般也不会轻易砸破这三个价位。

涨停板后短线洗盘回调的最低价，一般会回到前面某个涨停板阳线的3个支撑位（均价线、二分位、下半身）附近，因此涨停板后从最高点回调下来的第5天到第8天在支撑位附近的绿色线段处买入，一般是较好的买入点。

我们在掌握了上述操作涨停板的一系列方法与技巧后，还要在实际操作中多加体会与揣摩，从而让自己成为操作股市涨停板的赢家。

跌停板的操盘技巧

通常情况下，跌停板是由于有重大利空消息，或主力为了快速建仓采用惯压法而产生的，从而使其能在一天之内建仓完毕，但有时跌停会一连若干天。对于投资者来说，何时跌停可以买，何时跌停不可以买，这是由当时的大盘局势加之主力的操作意向所决定的。我们接下来了解如何在跌停板时操盘。

一般来说，一直处于跌停的股票，当日先跌停后打开或开低后上升，且放量打开跌停，即为买入机会。由于股价一路杀跌，量缩，当日又跌停再打开，表示杀跌的人少，多方已开始反攻，当放量打开跌停后且稳步上升时，表示主力已回头杀入。

当然，对于大多数股民来说，在跌停时买入是有一定风险的，要介入也不能做简单的操作，而应该采用分批增量的操作方法。例如，一次跌停时，先买1000股，再跌停时再买2000股，跌停打开时买入5000股，这样的话，如果跌停反弹后，很快就可能获利，也在一定程度上降低了风险。当大盘已在急跌后，当日在某些消息的刺激下，反弹强劲，选择成交量不断放大而尚未跌停的股票。投资者应首选前段时间的强庄股、明星股、强势股，这样在理想情况下，每天均可获利10%。

我们接下来看在何种情况下，跌停板可以买并可以在短期内获得较好的收益。

（1）大盘急跌后，今日强力上涨，呈V形反转，可抢跌停个股的反弹。

大盘若出现总买进现象时，由于多头人气极强，相对弱势的跌停个股可能被打开，投资者只要未选到最弱势股，通常都会有机会从跌停向上弹升，若此时抢不到较低（相对于涨停而言）的相对强势股，可选择成交量不断放大而跌停尚未打开的个股，以市价买入，如能顺利买到跌停价，则当天很可能立即享受一段差价，至于后势，则须注意其第二天的走势，如果不能开出相对高盘（与大盘个股相比较），则表示投资者昨日买入的是弱势股，宜尽快获利了结，落袋为安。

（2）一路跌停不开的个股，今日可出平盘时可买进。

比如，有的个股连续跌停后，当天平开高走，到当日早市10：00时，股价上扬2%，且领先其他个股上扬，结果该股第一个涨停，且第二天再次上攻到涨停板的价位。前几日一路跌停，当日能开出平盘，表明杀低的人少了，多空取得了初步的平衡，此时，即使再打至跌停，很可能是探底缩脚，这是短线的买点，若能配合大势由坏转好时，当日的跌停极可能就是近期的底部。

（3）股价跌停位、回调至技术性支持位时可以买进。

一般来讲，当股价回档至技术性的支撑价时，通常会产生反弹，如果在这个价位区又出现跌停价，此为短线的一大买点，因技术的支持位绝非偶然，更不是一朝一夕所能形成的，除非大市实在不利，否则不易迅即跌破，所以，当股价跌到支持区时，投资者可考虑买入，从而得到获利的机会。

此外，还有一种现象是跌停式洗盘。比如，某股在上升过程中突然被打至跌停板，但当天又被迅速拉起，留下长长的下影线；有时则是第二天大幅高开，将失地迅速收复。这通常是主力洗盘的招数，显示出主力以退为进的操作意图。需要特别注意的是，主力也会用此招出货。

一般来说，主力采用此种杀伤力极强的洗盘手法，往往出现在这些情况下：第一，连续飙升得快的牛股，由于主力意在速战速决，便通过跌停的短、平、快的洗盘手法，达到极大的震撼作用；第二，在技术指标处于高位时，主力通过大幅砸盘，迅速修正指标、减轻技术压力，为进一步的拉升打下基础。

跌停式洗盘的技术特征是：突发性，主力一般是在升势良好的时候发动突然袭击，让人措手不及；伴随巨量，股价在相对高位大幅下跌，并且伴随着巨大的成交量，很容易达到恐吓跟风盘的目的；短暂性，时间延续很短，或是当天便企稳回升，或是第二天即高开高走。

凡事都有两面性，当股票处于跌停阶段时，对于投资者来说，也意味着一种买入的信号。众所周知，跌停板是市场多空双方在争持时出现的一种彻底性大结局，即空头全胜的结果。空方大胜导致短期供需失衡，抛盘会远远大于买盘，股价只能以规则允许的底线，即跌停价成交。

通常来说，跌停是一种强烈的下跌信号，也可以理解为一种明确的卖出信号。投资者经常会发现，股价明明出现凶猛下跌，股价被打至跌停，而大规模的抛单被一扫而净后，股价反而以较高的价位报收；或者当日以跌停板收盘，但次日却返身强烈上涨。

据统计显示，股票市场上出现的跌停板有1/3左右，属于主力的洗盘行为。实际上，在这个阶段，投资者进行充分的分析研究后勇敢介入，往往会有意想不到的结果，这便为跌停买入法提供了坚实的市场基础。

一般来说，固有的投资习惯和高难度导致该技巧的使用群体大幅减少，这就使针对跌停展开的买入操作很容易成为少数人的投资行为。实际上，很多时候，股票投资是少数人获利的活动，这本身就避免了利用该技术投资的羊群现象，对于投资者来说，投资胜算反而大大提高了，因此，跌停买入法也具有扎实的理论基础。

正是因为市场上存在主力利用投资大众的思维惯性，从而使用跌停板洗盘，才使跌停买入法反而可以达到出奇制胜的效果。在技术上，跌停买入的真实内涵是利用市场对自身短期过度行为的修正，从而存在一定程度的获利必然性。

对于跌停的有实用价值的研究分为两种情况：一种是完全以洗盘为目的的跌停骗线行为；另一种是真正的出货杀跌，而产生的超跌反弹行情。在这两种情况下，主力的意图不一致，造成前者操作安全性明显大于后者。

总之，对于多数投资者而言，买跌停不是一件容易的事，这主要是心理上的障碍，因为会担心后市还会继续跌，或者不知道是否在价位最低点买入的。这也恰是股市的魅力所在，高利润和高风险并肩而行，投资者只有具备"勇气"加"智慧"，才能在股市中实现掘金。

第六章
新股上市分析

所谓新股,是指刚发行上市正常运作的股票。一般来说,新股首日上市均有不同幅度的上涨,从而引来大量投资者申购新股(俗称"打新股")。近年来,也逐渐出现了一种新的现象,那就是新股上市时,会出现首日跌破发行价的现象,对此,投资者正确地分析新股,从而采取正确的操盘策略,就显得越来越重要。

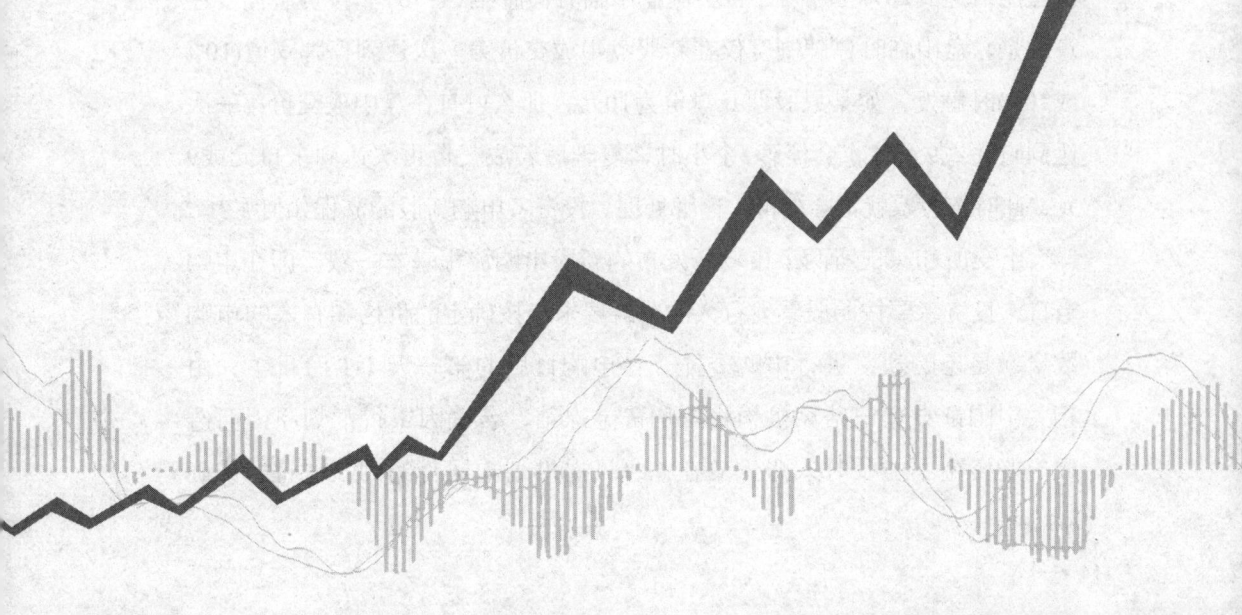

新股上市的第一天

为了避免新股上市首日存在交易风险，维护股市交易的秩序，我国对新股上市的交易规则做了相关规定。上交所对新股发行首日的申报订单全天实施申报价格控制，即集合竞价阶段最高申报价格控制在发行价的120%，最低申报价格控制在发行价的80%，连续竞价阶段的有效申报价格不得高于发行价的144%，不得低于发行价的64%。

深交所规定，新股上市首日，连续竞价开始后，当盘中成交价较当日开盘价首次上涨或下跌达到或超过10%时，将实施盘中临时停牌1小时；当这个比值达到20%的时候，将实施盘中临时停牌至14：57。投资者需要注意的是，盘中临时停牌制度仅在新股盘中成交价第一次达到停牌阈值(10%或20%)时触发，如某只股票开盘价为10元，那么只有在盘中成交价第一次达到11元或9元时才会停牌1个小时，复牌后若成交价再次达到了11元或9元，此时该股票就不会被再次停牌处理。投资者申购新股的流程如何呢？

上交所和深交所两个市场所发布的新股申购流程基本一致。即在申购当日，投资者要按照股票发行人的公告要求，按确定的价格和有效的申购数量缴足申购款，进行申购委托。在申购日后的第一天（T+1日），由相关中国证券登记结算机构将申购资金冻结，若确因银行汇划原因而造成申购资金不能及时入账，应在T+1日提供划款银行的划款凭证，并确保T+2日上午申购资金入账,并缴纳一天申购资金应冻结的利息。

在申购日后的第二天(T+2日),相关中国证券登记结算机构配合上证所指定的具备资格的会计师事务所对申购资金进行验资,并由会计师事务所出具验资报告,以实际到位资金作为有效申购资金。股票发行人应当向负责申购资金验资的会计师事务所支付验资费用。

新股的主承销商于申购日后的第三天(T+3日)公布中签率,并根据总配号量和中签率组织摇号抽签,次日公布中签结果。每一个中签号可认购1000股新股;证券营业部应于抽签次日公布摇号中签结果。

相关中国证券登记结算机构于T+3日根据中签结果进行新股认购中签清算,并于当日收市后向各参与申购的证券公司发送中签数据。

申购日后的第四天(T+4日),对未中签部分的申购款予以解冻。新股认购款集中由相关中国证券登记结算机构划付给主承销商。新股申购日的第四天后(T+4日后),主承销商在收到中国结算机构划转的认购资金后,依据承销协议将该款项扣除承销费用后划转到发行人指定的银行账户。表6.1描述了2015年12月部分新股的申购情况:

表6.1 2015年12月部分新股的申购情况

申购代码	股票简称	网上发行(万股)	顶格申购需配市值(万元)	申购上限(万股)	申购资金上限(万元)	发行价格	申购日期
300497	富祥股份	720	7	0.7(估)	10.73(估)	15.33(估)	12.11
732996	中新科技	2000	20	2	21.04(估)	10.52(估)	
732866	桃李面包	1350	13	1.3(估)	17.89(估)	13.76(估)	
732508	思维列控	1200	12	1.1(估)	40.27(估)	33.56(估)	
300495	美尚生态	660	6.5	0.65	21.10(估)	36.08(估)	
300492	山鼎设计	830	8	0.8	5.52(估)	6.9(估)	12.14
002786	银宝山新	1268	12.5	1.25	13.4(估)	10.72(估)	
002782	可立克	1700	17	1.7(估)	12.87(估)	7.57(估)	
002781	奇信股份	2400	24	2.4(估)	29.52(估)	13.31(估)	
002785	万里石	2000	20	2(估)	4.58(估)	2.29(估)	

为了便于了解新股的申购流程，我们特举一个案例。

假设A账户上有50万元现金，他想介入一只新股的申购业务。那么，A的申购方式如下：

1. 申购

假如该新股将于6月1日在上证所发行，发行价为5元/股。那么，A可在6月1日（T日）9：30～11：30或13：00～15：00，经由委托系统用这50万元最多申购该新股中的10万股。此时，介入申购的资金将被冻结。

2. 配号

申购日后的第二天（T+2日），上证所将根据有用申购总量，配售新股：若有效申购量小于或等于本次上网刊行量，不需进行摇号抽签，所有配号都是中签号码，投资者按有用申购量认购股票；若申购数量大于本次上网刊行量，则经由摇号抽签，确定有用申购中签号码，每一中签号码认购一个申购单元新股。

3. 中签

申购日后的第三天（T+3日），将发布中签率，并按照总配号，由主承销商主持摇号抽签，确认摇号中签功效，并于摇号抽签后的第一个工作日（T+4日）在指定媒体上发布中签号码。每一个中签号可以认购1000股新股。

4. 资金解冻

申购日后的第四天（T+4日），发布中签号，对未中签部分的申购款进行解冻。若A中了1000股，那么，将有49.5万元的资金回到账户中；若未能中签，则50万元资金将全数回笼。投资者还应注意，发行人可以按照申购情况进行网上发行数量与网下发行数量的回拨，最终确定对网上申购者和网下申购者的股票分派量。

需要注意的是，一个账户不能够重复申购，只有一次有效。另外，申购要避开申购高峰期（9：30～10：00，14：30～15：00），这样才能提高中签率。关于申购时间、申购代码、申购价格、申购上限的公告，要及时留意财经门户网站。总之，投资者应该了解新股上市首日的交易规则，从而增强新股操作过程中的理性。

选对新股，成功一半

随着经济的活跃，越来越多的新股进入股市。那么，对于一级市场中的投资者来说，是在新股上市后立即套利，还是持股在二级市场上多赚一笔？对于二级市场中的投资者来说，如何选择有潜力的新股，又该如何把握最佳的买入时机？

一般来说，新股上市后的走势，通常与以下因素密切相关：

（1）与新股上市公司的扩张能力密切相关。那些总股本适中，而且在将来具有股本扩张能力的新股，较受市场欢迎。

（2）与上市的时机密切相关。一般情况下，上市时大盘火爆，个股定位往往较高，短线升幅往往可观，但行情持续性差，若短线介入，往往有暴利可图，但需把握及时抽身的机会。

（3）与所属的行业有关。有些行业的新股在上市后，几乎是逐波走低，对此，投资者若能及时卖出手中的股票，反而有利于尽可能地减少损失。相对来说，有些热门行业的新股即使开盘价较高，仍有主力乐意光顾，包括持有这些新股以待价而沽。对于二级市场的投资者来说，新股上市不必急于抢购，多观察一段时间，看看该股的走势后再做买卖决定。

一般而言，新股上市后会出现几种走势，不同类型的个股，其操作策略亦相应有所不同：

（1）缓缓升盘型。这些个股上市后几乎是一步一个台阶，高点与低点都在不断上移，可以确定为主力边拉边吸的走势。这类个股的后市往往有较大升幅，可以坚定持股信心，并可在中途不断加码。对这类个股，可以说，只要根据均线系统断定趋势未改变之前，在哪个价位买入都能获利。

（2）长期横盘型。有些个股上市后连续数个月长期横盘，而且可能在整理之后有向下突破的现象。对于此类新股，投资者可以考虑两个做法：一是关注突破的方向，二是关注突破的时机。若整理之后向上突破，则可以在股价脱离整理区10%～15%时再买入；若出现向下突破，则在无法判断底部时宜及时止损，耐心等待更便宜的买价。

（3）上市后持续走低的个股。对于这类新股，每逢收阳线时卖出往往便于获利。

另外，由于投资者在申购新股时，即便是申购了也未必能够买到，因此，投资者不仅要掌握选择哪些新股，还要了解提高新股申购成功率的方法。对此，投资者可以从新股申购一栏中了解近期新股发行的详细信息，如发行日期、申购代码、网上网下的发行数量、发行价、申购上限、市盈率，以及该股所属的行业。投资者对同期发行的新股充分了解与比较后，就可以制定出理性的"打新股"（即申购新股）策略。

接下来我们介绍几个新股申购的技巧：

（1）避低就高。投资者可以优先申购发行价较高的新股，因为高价新股的中签率相对较高，而且高价新股也有利于大资金投资者充分利用手中的申购资金。

（2）避热就冷。当同时出现两只以上新股上网发行时，投资者可以优先考虑申购冷门股，通常情况下，这样做的话，很可能会有出奇制胜的效果。正是因为冷门，常常会受到机构投资者和一般投资者的冷落，所以中签率往往较高，而且上市后的涨幅也许并不亚于同一天上网发行的热门股。

（3）避优就劣。这里说的"劣"，不是指劣质的企业。一般来说，新股上市初期的基本面都是相对不错的，投资者可以优先申购某些行业板块中一般的、预计上市后涨幅较低的新股，这样可以得到较高的中签机会。

（4）避小就大。投资者可以考虑避开小盘股，选取上网发行量较大、行业市盈率低的新股进行申购，这样的话，申购中签率往往较高。

（5）集中资金来申购。投资者可以集中资金出击一只新股，如果市场上同时发行3只新股，投资者可以考虑选准一只新股进行全仓（指买卖股票时，所有资金都用于买股票，没有剩余资金）申购，以提高中签率。

另外，投资者还可以选择合理的下单时间，一般来说，最好选择中间时间段来申购，比如，选择10：00～11：00和13：30～14：30下单。

投资者在申购成功了看好的新股时，紧接着要做的就是看准时机卖个好价钱。接下来我们将介绍新股的炒作技巧。

新股炒作技巧

投资者在炒作新股时，通常需要考虑多个因素，如每股收益、流通盘大小、每股净资产、净资产收益率、净利润增长率、同老股的比价效应、是否为市场热点等。其中，净资产、净资产收益率和净利润增长率均与价格成正比，唯有流通盘与价格成反比，即流通盘越小则价格越高。

一般情况下，在大盘处于底部时，上市的新股在后市会有较好的行情，对于投资者来说，选择这样的新股，相对会较安全。通常来说，这样的新股在上市当日，均能收出星线或小阳线，投资者在第二日低开强势拉起时可以考虑介入。

由于新股通常无历史走势支撑位和阻力位，因此只能通过研读上市公告的每一段文字，读懂、读透公布的财务数据，从而确定大致的价格区间在什么位置，并以老股近期阶段性高低点为参考。一般情况下，新股会有至少10%的获利空间，在大盘处于上升行情中的情况下，上市的新股甚至会有翻倍的行情。

一般来说，大盘新股很难成为黑马股（指价格可能脱离过去的价位而在短期内大幅上涨的股票），主力通常喜欢创业板和中小板的新股，大盘见底后最先启动的通常都是新股板块，因为新股无历史套牢盘，比较好拉，而且其财报显示的近三年业绩均出现稳定增长，散户追买情绪比较高,也好拉升,再者,新股未经过炒作,有较新颖的题材可供挖掘,而老股已被反复炒过多次,各种题材都经历过,因此,主力将持有的新股予以出货时较容易些。

鉴于主力和庄家对新股的青睐,同样希望从新股上市中获利的散户投资者更需掌握炒作新股的技巧,从而把握新股上市中的获利机会。对此,我们介绍如下几种新股炒作技巧:

1. 从价格形态看走势

在观察新股上市首日的价格走势时,如果出现高开低走,多为出货行情,投资者不宜介入;如果出现高开平走,多易形成震荡出货行情,投资者早期可用少量资金低吸高抛,做超短线操作;如果出现低开高走、平开高走或偏高开高走,后市常有一段较好的行情,投资者可以择机考虑介入。

2. 从成交量看走势开盘成交量

一般来说,新股开盘成交量的大小是观察二级市场主力是否介入的最早信号。如果开盘竞价成交达到上市新股流通总股本的5%以上,并且开盘价偏高时,可认为有主力参与接盘,后市炒作看好;如果新股开盘价并不偏低,但开盘成交量明显偏小,则为一级市场持股人严重惜售,如果新股为中、小盘股,很可能有主力在其中操盘,后市亦应看好。

3. 首日换手率

如果新股上市首日流通股换手率在70%以上,表明接盘蜂拥,后市看涨;若成交量放巨量,则表明存在大批散户,他们的炒作动机一般属短线投机,一有差价就会趁热抛出,因此,后市涨幅不会太大,持续时间也较短,如果在新股上市的首日买入,第二天可以根据换手率的高低和价格上升的力度,来决定当日是否抛出和什么时候抛出,此法可以延续到第三天,除非人气特别旺盛,否则不宜过久地往后拖延;若首日换手率偏小,后市价格可能下跌,也可能有一可观的升幅,需多方位分析后再予判断。

4. 开盘价位的高低是形态分析的关键

投资者可考虑以新股的理论市价为平开标准,低于此价为低开,高于此价约30%便为高开。原始股东的持股成本可以作为超短线炒作的价位判断依据,在持股成本附近的开盘价为平开,在此价位不会形成抛盘涌出局面,因而有利于短线炒作。

5. 因市、因势制宜,不同市场、不同市况下炒作新股应有不同的策略

比如说,在上海股市,新股炒作常常不认价位,只讲差价,只要人气在,新股即便高开,仍可能被炒到一个很高的水平;而在深圳股市,炒新股的最大机会往往在大市深跌探底之时,此时上市新股往往随大市下跌,由于无层层套牢筹码支撑,由低成本原始股形成的抛压、主力打压吸筹以及开盘比价不会低等原因,其下跌幅度常超过老股,价位被低估,因此,在深圳跌市中,刚上市的新股不宜购进,可耐心观察其价格下跌,一旦大市出现转机,同时新股本身止跌回稳,则可及时入货炒作。

表6.2为同花顺提供的部分新股在股市中的涨跌统计数据:

表6.2 部分新股的涨跌统计数据

新股上市首日											
序号	股票代码	股票简称	上市日期	发行价(元)	最新价	首日开盘价	首日收盘价	首日最高价	首日最低价	首日涨跌幅	是否破发
1	002812	创新股份	2016-09-14	23.41	33.17	28.09	33.71	33.71	28.09	44.0%	否
2	603189	网达软件	2016-09-14	7.26	10.45	10.45	10.45	10.45	10.45	43.94%	否
3	300534	陇神戎发	2016-09-13	13.64	21.60	16.67	19.64	19.64	16.67	43.99%	否
4	603067	振华股份	2016-09-13	6.13	9.71	8.83	8.83	8.83.	8.83	44.05%	否
5	300541	先进数通	2016-09-13	11.07	17.53	13.28	15.94	15.94	13.28	43.99%	否
6	603393	新天然气	2016-09-12	26.66	46.45	31.99	38.39	38.39	31.99	44.00%	否
7	601163	三角轮胎	2016-09-09	22.07	42.07	42.31	26.48	31.78	26.48	44.00%	否
8	300543	朗科智能	2016-09-08	22.50	47.48	29.72	32.43	32.43	29.72	44.01%	否
9	002811	亚泰国际	2016-09-08	13.99	29.51	18.47	20.15	20.15	18.47	44.03%	否
10	603843	正平股份	2016-09-05	5.03	14.11	6.04	7.24	7.24	6.04	43.94%	否
11	002807	江阴银行	2016-09-02	4.64	14.34	5.99	6.68	6.68	5.99	43.97%	否

（续表）

新股上市首日											
序号	股票代码	股票简称	上市日期	发行价（元）	最新价	首日开盘价	首日收盘价	首日最高价	首日最低价	首日涨跌幅	是否破发
12	603658	安图生物	2016-09-01	14.58	49.52	17.50	21.00	21.00	17.50	44.03%	否
13	603090	宏盛股份	2016-08-31	8.47	31.66	10.16	12.20	12.20	10.16	44.04%	否
14	300539	横河模具	2016-08-30	6.12	25.15	7.34	8.81	8.81	7.34	43.95%	否
15	300537	广信材料	2016-08-30	9.19	37.75	11.03	13.23	13.23	11.03	43.96%	否
16	603007	花王股份	2016-08-26	11.66	57.99	13.99	16.79	16.79	13.99	44.00%	否
17	300538	同益股份	2016-08-26	15.85	78.78	20.92	22.82	22.82	20.92	43.97%	否
18	002810	山东赫达	2016-08-26	9.91	49.28	11.89	14.27	14.27	11.89	44.00%	否

表6.2中，"破发"是指股票发行上市当日就跌破发行价，"发"即为股票的发行价格。表中所显示的部分新股均未出现破发的现象，而且在上市首日均达到40%以上的上涨幅度，可见，投资者若能申购成功这些新股，均可在短期内获取较高的利润。

另外，投资者在炒作新股时，还可以密切关注大盘动态。如果大盘处于下跌的末端，进入筑底阶段时，市场人气低迷，新股开盘价较低，此时一般为最佳的买入时机；当大盘处于上升阶段时，新股为平开高走，投资者可以积极参与炒作；当大盘处于上涨末端时，市场人气高涨，新股开盘价位很高，此时新股风险最大，投资者需要慎重介入；当大盘处于下跌阶段时，新股为平开低走，参与者获利机会极小，一般不宜参与，只有待大盘进入下跌末端并筑底时，往往才是真正买点到来的时机。

怎样炒作次新股

一般来说，次新股是指一年内无分红或股价未明显炒作的股票。次新股的内涵是伴随着时间的推移而相应变化的。比如说，一个上市公司在上市后的一年之内，如果还没有分红送股，或者股价未被市场主力明显炒作过，则该上市公司发行的股票便可以归纳为次新股板块。通常情况下，在临近年末的时候，由于次新股上市的时间较短，业绩方面一般不会出现异常的变化，因此，次新股往往是年报公布阶段相对最为安全的板块。

在相对牛市的行情中，次新股的市场定位一般会比较高，但在弱势环境中，次新股的定位将明显降低，而在市场的系统风险面前，次新股上市之后也可能会出现连续的宽幅震荡走势，股价也将进一步震荡走低，因此总体来说，次新股的估值水平会相对偏低，从而使得次新股具备了一定的投资价值。

基于此，可以说，次新股往往具备这样两个优势：

1. 具有较强的股本扩张潜力

由于次新股的资本公积金往往比较高，因而具有强大的股本扩张潜力。实际上，强大的股本扩张潜力也是吸引机构资金青睐的一个重要原因，所以，中小板的上市公司中就潜伏了大量投资基金的身影。

2. 上档阻力相对较轻

次新股通常质地优良，也没有什么历史包袱，从市场角度来看，次新股的上市时间比较短，虽然前期股价随大盘出现了同步的震荡下跌走势，但相对于其他个股而言，次新股的上档阻力比较轻，反弹行情一旦展开，次新股将表现出更强一些的弹性，而于近期上市的次新股如果能够得到量能配合，很可能会创出上市新高，甚至进一步拓展上涨空间。

既然次新股存在着这样明显的优势，我们来介绍操作次新股的5个技巧：

1. 量价关系和政策很重要

《孙子兵法》中说："以正合，以奇胜。"其中，"正"是指常规思路，比如，很多人会想到基本面、业绩等，对于次新股来说，单纯地依靠这些因素来分析与操作，往往很难获利，这就需要"奇"招的辅助，即考虑量价关系和政策概念等。

2. 密切关注主力资金的动向

一般来说，次新股往往能够代表资金对后市的看法。当处于市场行情低迷、量能萎缩之际，场内的资金想要有所作为，就会在市场中寻找炒作起来对资金量需求较少的板块和个股。

很显然，中小盘的次新股比较符合这个思路，因此，在大盘出现弱势时，次新股很容易成为市场亮点，从而与大盘形成显著的反差效应。

同样，当市场大幅走强的时候，资金看好后市，那么一批在大盘弱势时上市的次新股，由于已经跟随大盘出现过调整，也会容易随大盘走强而大幅反弹。正是这方面的特性，当投资者尚且缺乏对市场热点了解的时候，不妨考虑先从次新股入手。

3. 注意炒作次新股的节奏

次新股通常有明显的周期性，一般在3个月左右。这是因为，新股的战略配售股有3个月的限售期，上市3个月之后，若是次新股价格保持在高位，新股中的机构往往会选择获利出局，让资金重新流动起来；若是个股经历了较大幅度的下跌，或者较长时间的调整，那么机构要想出局就需要拉高，这又往往是弱势中的机会所在。

4. 个股选择有规律

投资者在选择流通盘不超过5000万的次新股时，往往更容易获得机会，同时，发行价或者上市开盘价不宜过高；在时间方面，要么是上市后3个月左右的个股，要么是刚刚上市一个星期左右的个股。一般来说，投资者应优先选择持续放量3天以上，股价持续收出小阳的个股，同时配合时间周期来分析。

5. 把握联动特性，坚守操作纪律性

投资者要注意的是，一旦次新股板块启动，往往意味着一群个股启动，因此，即便你错过了一只个股，只要理清次新股炒作的相关思路，还是可以找到获利机会的。另外，投资者在炒作次新股时，也需要比较严格的纪律性，因为，中小盘的次新股股性较活跃，有时候上涨快，下跌也比较快，所以，投资者一旦发现自己在操作上出现了问题，就要及时止损，避免被套。

当然，凡事都是有两面性的，由于次新股拥有各种优势，适合资金去炒作，而一旦资金持续拉高获利丰厚之后就会快速撤离，从而形成高位大量套牢盘，因而也使得次新股的价值大打折扣，后期也往往是长时间的弱势。如果遇到这样的情况，投资者就要考虑到炒作风险，并配以自己良好的操作纪律。

最后，投资者还要了解次新股的三种基本走势，一是高开低走，对于此类个股，投资者暂且不宜介入，待其跌透后介入，往往会获利不菲；二是低开高走，这类个股通常后市看好，投资者可以择机介入；三是平开平走，投资者可以考虑在其平台整理的末端放量上攻时介入。

总之，投资者对于次新股的炒作，应本着冷静的态度对待，选择正确的介入时机和方式。

哪些新股不宜炒作

由于新股存在着巨大的盈利空间，便使得市场上存在着一大批专门炒作新股的投资者。

这类投资者之所以积极介入新股，往往基于这样几种原因：

一是受到新股概念较大的诱惑，从而产生跟风的炒作行为；

二是舆论的不恰当宣传，这往往与许多新股上市以前被过分包装有关，从而使得投资者对新股炒作充满好奇心理，使得众多股民盲目介入；

三是投资者的确在新股中获取了较大的收益，并希望在对新股的连续炒作中继续获利。

无论投资者出于什么样的原因来炒作新股，均应注意在以下几种情况发生后，不宜短线介入炒作：

1. 大盘在下跌通道内时不宜买新股

对于一个成熟的投资者而言，在大盘上涨途中宜积极做多，而大盘处于下跌通道中时，则不宜在市场中忙进忙出买卖股票。有些投资者过分相信自己的选股能力，认为自己选的股票能够摆脱大盘的下跌而走出"独立"的行情。

诚然，这种情况并非不存在，但在空头市场中始终处于激动的炒作状态时，这种操盘习惯宜犯新股炒作的大忌。

实际上，空头市场之所以不宜买入新股，是受到资金因素的制约。当大盘进入到下跌通道之际，市场的存量资金是不足以支持新股成功炒作的重要因素。一些新股之所以成功得到炒作，很大程度上与大盘正处于上升通道紧密相关，因为大盘所处的多头市场极易使新股的炒作得到资金面的支持。可见，当大盘呈弱势形态后，短线不宜介入对新股的炒作。

2. 上市当天拉出大阴线

一般情况下，新股上市当天，会拉出大阳线；但有时，却与此正好相反，新股上市首日便拉出大阴线，这时，投资者往往不宜贸然介入。可以说，无论新股处于何种价位，若当天拉出大阴线，该股则较难有再次表现的机会。

有的股票尽管在当天的市场定位不高，但由于大阴线是与大的成交量相对应，后市则只有以大阳线回补，该股才会有较大的机会。另外，上市当天拉出阴线的股票，其最大的难点在于一上市就出现较大的上档压力，这往往也是不利于进行炒作的一个重要因素。

在股市实战中，有些投资者常会在上午开盘后就买入新股，等到下午收盘时，却已发现该股下跌幅度较多，第二天时，这类股票大都在低开后会有一个反弹的机会，这时，如果投资者还指望反弹较大的时候再出局，可能就会错过解套的机会。

所以，投资者此时正确的操作方式是，若当天买入的股票拉出大阴线，可在第二天开盘后的15分钟内将其抛出；若当天低开低走的话，投资者还是应该寻找出局的机会，因为股票不会只跌不涨，即使跌至很低的价位，也常会有一个反复的过程。

总之，新股作为股市中一个引人瞩目的品种，长期受到主力、庄家和散户投资者的追捧，然而，并非所有新股都是可以放心购买的。对此，尤其是资金实力相对薄弱的散户投资者,更要擦亮眼睛,识别哪些新股可以买、哪些新股不可以买,以及在哪些时机可以买、在哪些时机不可以买,从而在新股炒作中笑到最后。

第七章
规避看盘误区

股票作为一种有价证券，可以在股市自由买卖和流通；股票的交易价格总是随着一系列因素而处于不停的变化之中。为了便于判断股票未来的走势，人们总结了一系列看盘方法，也形成了一些看盘的认识。

有些认识明显属于误区，是需要投资者及时规避的，从而少走弯路，为此，我们总结了一系列常见的看盘误区，以便引起投资者的注意。同时，作为高手，应该做到不胡乱出招，否则每露出一个破绽，就足以置自己于"万劫不复之地"。

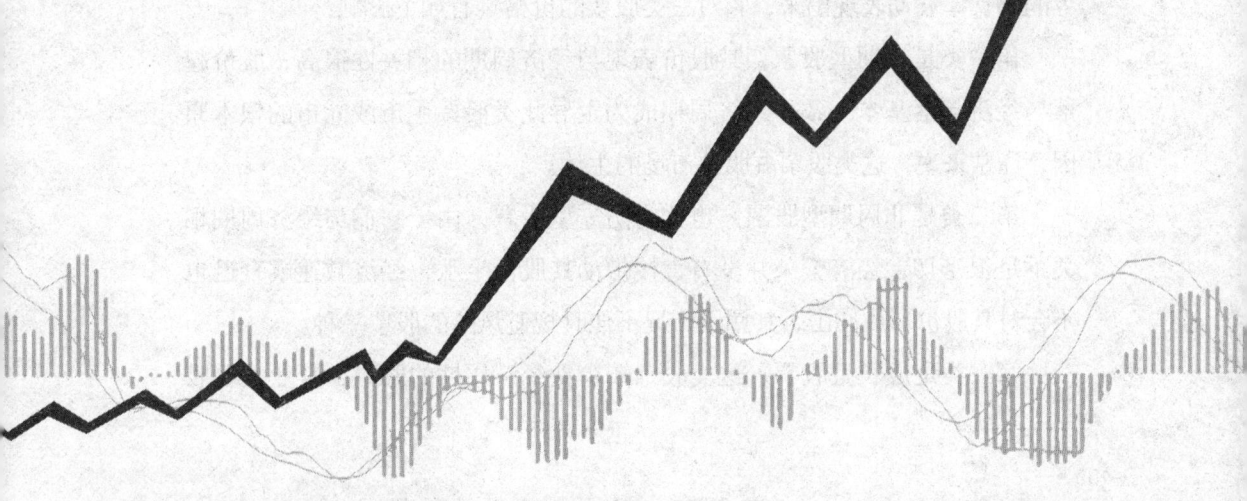

只看盘内，不看盘外

很多投资者明白，看盘，除了要看盘面上的K线图、成交量图、均线图等指标，还需要适当关注盘面以外的因素，如经济运行环境、国家宏观政策等，然而在实际操盘中，能把盘内与盘外两方面信息资源整合起来的人并不是很多。接下来，我们分析几种对股市有重要影响的宏观经济要素，供投资者作为股市看盘的参考。

1. 关注经济运行周期性对股市的影响

一般来说，经济的发展与运行带有一定的周期性，包括复苏、繁荣、衰退和萧条四个阶段，其中繁荣与萧条是主要阶段，而衰退与复苏是过渡阶段。经济周期会通过经济增长、投资、失业、物价、货币供应量和外贸等的增长率波动表现出来，它对三类股票的价格具有如下影响：

第一类是周期型股票，其股价表现与经济周期的相关性很高，股价起落与经济起落基本一致。经济周期成为主导此类股票牛市或熊市的根本原因，通常来说，这类股票占股票市场的主体。

第二类是非周期型股票，也称为防守型股票，由于它们与经济周期相关不是很密切，经济繁荣并没有直接带动其股价上涨，经济减速或衰退也不会对其股价形成冲击，其属于市况不佳时规避风险的股票品种。

第三类是成长型股票，这类股票较少受经济周期的影响，其业绩和股价的高增长可以长期保持，如高科技或新型商业模式等方面的股票，也属于高风险、高回报的股票品种。

通常情况下，在经济复苏和繁荣阶段，投资者多偏爱周期型股票，而当经济发展转入衰退和萧条阶段，投资者便会转投非周期型股票。所以，对于股票投资者来说，学会对经济形势和发展周期的判断非常重要。

2. 关注通货膨胀对股市的影响

CPI（Consumer Price Index，物价指数）的变化在一定程度上反映了通货膨胀或紧缩的程度，它是宏观经济的分析和预测以及实施价格总水平调控的一项重要指标。通俗来讲，CPI就是市场上货物价格增长的百分比，通常，CPI增长率在2%～3%区间属于可接受范围。一般来说，高速的经济增长率易拉高CPI，但如果CPI增长速度比人们平均收入的增长速度更快，一定程度上会降低人们的购买力。

CPI与股市价格有着密切关系，但并非严格的反比或者正比关系。一般情况下，物价上涨，股价也上涨；物价下跌，股价也随之下跌，但有些特殊情况会使二者的关系变得复杂。第一种情况是商品价格出现缓慢上涨，且幅度不大，但物价上涨率大于借贷利率的上涨率，这造成公司库存商品价值上升，由于产品价格上涨的幅度高于借贷成本的上涨幅度，公司利润上升，股票价格也随之上升；第二种情况是商品价格上涨幅度过大，物价上涨引起公司生产成本上升，而上升的成本又无法通过商品销售而完全转嫁出去，从而使公司的利润降低，股价没有相应上升，反而会下降；第三种情况是物价上涨，商品市场的交易呈现繁荣兴旺，如果此时股票处于低沉期，反而成了投资股票的较好时机；第四种情况是物价持续上涨，引起股票投资者的保障意识增强，投资者从股市中抽出资金，转投向房地产、贵重金属等保值性强的物品上，从而带来股票需求量降低，致使股价下跌。

作为股票的投资者，需要了解CPI的增减状况，了解通货膨胀或紧缩的情况，并与股市当时的状况进行比较，及时了解通货膨胀对股市的影响，从而使投资更有主动性。

3. 关注经济增长对股市的影响

GDP是经济增长的重要指标，GDP增长包括为GDP做出贡献的上市公司生产经营活动的收益增长，上市公司对拉动GDP起着积极作用，所以，从微观层面来看，上市公司的生产总值的增长，会拉动宏观层面GPD的增长，在这种情况下，上市公司体现出其投资价值，也就是业绩支撑股价；反之，如果GDP的增长率低，表明上市公司对宏观经济的贡献率小，公司的收益也低，当然，也就没有支撑股票价格的绩效，股票就会掉价，从而形成熊市。

如果GDP的实际指数没有达到人们的预期，即便是GDP增长了，有时也会对股市产生消极影响。简言之，GDP增长，有利于股市向上走牛，反之，GDP回落，股市倾向于下跌走熊。而且，GDP达不到预期增长率，也可能使股市下跌走熊；如果GDP回落是暂时的，是因为调整过程出现的临时状况，经济发展的预期是好的，那么，股市也可能向上走牛。

总之，GDP与股市关系密切，GDP的增减与股市的涨跌在基本趋势上是正向互动的，但在一定条件下，也有可能是反向互动的、因此，股市投资者需要仔细分析经济增长状况，做到具体问题具体分析，以便科学地判断股票价格的变化趋势。

4. 关注宏观经济的总体发展状况对证券市场的投资价值的影响

通常情况下，证券市场不是独立的，而是与国民经济整体发展状况密切相关的，证券市场的投资价值体现了整个市场的平均投资价值，从整体意义上来看，整个证券市场的投资价值就是整个经济增长质量与速度的反映。

行业不同，企业不同，它们之间相互影响、互相制约，共同影响国民经济的发展速度和质量，它们的总和就构成了宏观经济的基本状况。股市是证券市场的一部分，股票价值是证券市场投资价值的重要体现，所以，要了解股票的投资价值，就要把握股票价格的变化趋势，这也是判断股市投资价值的关键依据之一。如果投资者感到宏观经济发展状况不理想，在把手里的资金投向股市时就要慎重。

5. 关注房地产对股市的影响

当前，房地产行业对经济发展走向起着至关重要的作用，所以，也成为影响股市预期的重要因素之一。房地产对股市的影响是比较复杂的，一方面，当经济发展出现了"过热"现象时，房地产成为首先要调控的目标，政府对房地产市场加大调控力度，从中长期来看，房地产市场走势对相关资产类板块产生压力，不确定性因素导致大部分机构规避该行业或与之紧密相关的行业，导致股票市场出现阶段性下挫，股市在低位运行；另一方面，当调控措施常态化，挤掉了房地产发展中的泡沫，对房地产发展产生优化结构方面的影响，房地产市场重归理性发展轨道，这驱使该行业和其他相关行业，有较好的发展前景，房价回归合理区间，这对股市会产生有利的影响。

可以说，房地产是国民经济中的重要行业，它的变化会很快对股市产生影响，所以，如果投资者投资股票，尤其是投资与房地产行业密切相关的股票，就不能不对房地产行业有比较深入的了解。

错误的看盘心态

著名股票投资人杨百万是上海证券市场的风云人物。早在1989年，杨百万就开始介入股市，他购买的第一只股票是"电真空"；半年后，"电真空"股票大涨，杨百万果断地在800元以上的价位抛掉，净赚150多万元。那个时代的投资大户们，如今只剩下杨百万还活跃在股市。杨百万的炒股座右铭是："六分心态三分技巧一分运气"。他认为，炒股最重要的是正确的心态，是忍耐心，在股市中有了忍耐心，就能涨跌不惊，冷静地思考和分析，并沉着应付、泰然处之；如果耐心不够就会着急，一着急就会头脑发热，头脑发热就易盲目判断，从而进行错误的操作。

的确，杨百万的说法很有代表性，看盘炒股的确需要培养正确的心态。实际上，要成为炒股专家，真正直接有用的专业知识并不是很多，比如，杨百万在进入股市前，只是上海一家工厂的仓库保管员。可以说，一个人如果具备坚定的学习毅力，再难的炒股知识也是能够学会的。为此，投资者务必要培养自己正确的心态。对于投资者来说，正确的心态包括以下几个方面：

1. 热爱你选择的事业

你如果仅仅把炒股当作致富的捷径，实则犯了极大的错误。实际上，你应该热爱炒股给你提供的挑战，享受你的每一个进步，在工作中得到乐趣。要认识到，金钱不过是副产品，最为重要的，是享受这个挑战的过程。

2. 自我督促

作为股票投资者，从长期来看，炒股是多劳多得的行业，但从短期来说，未必能得到与努力相匹配的结果。当成果和努力不直接挂钩的时候，一般人总是会松懈下来，这是要不得的。要想在任何行业成为专家，都必须锲而不舍地努力，看盘同样如此。

3. 改变的能力

股票的特性在于不断地变化，所以，投资者在做好炒股计划后，还需要随时观察计划的实施效果，以及这个计划是否符合自身的风险承受力。必要时，投资者可以修改计划，比如，你原先决定只买两只最有潜力的股票，但你发现这样做的结果是资本过于集中，这时就可以考虑摊开风险，如买4只或5只股票。

4. 独立的判断能力

看盘炒股切忌人云亦云，要用自己的经验和直觉去评价热门股后面的理由是否足以支撑，当然，在面对不同意见的时候，需要静心地思考一下对方的理由。

5. 正确地评价自己

无知的狂妄自大是做人失败的主要原因。同样，失败的投资者也应切忌因小胜而沾沾自喜，要正视自己的长处和短处，弥补自身能力上的短板。

6. 相信自己

自信是在任何行业成功的首要条件，炒股也不例外。如果你自己都不相信自己，那又怎能做出理性的判断呢？所以，一旦你根据自己积累的常识做出了某种判断，就要做到"知行合一"，相信自己。

我们应该怎样养成正确的炒股心态呢？可以说，你要学会建立规则，并按照规则执行你的炒股计划。你要相信自己，独立思考，自我督促，并在实践中不断重复，直到这些要求成为你的自然反应，成为你的一种直觉，成为你的一种心态，这时，你才真正学会了炒股。

另外，炒股需要很多和人性逆向而行的心态，如不愿止损、喜欢不顾外在条件在股市跳进跳出、好获小利等。投资者要自觉抵制这些错误的心态。

专心是在任何行业成功的基本要求。股票是极其普通的行业，用不着很大的资本，也没有很多专门的知识。如今，很多人进入股市，并希望在股市中一显身手，那么，你要比别人做得更好，才能在股市中站住脚。为此，你要比普通人站得更高，看得更远，付出更多的努力。

最后，需要提醒你的是，在你成功之前，你会碰到很多嘲笑你的人。在你成功以前，很多人不屑于了解你，尤其是你的内心感受，人们最为在意的，是你是否在股市中赚了钱，如果一时没赚到钱，极易招致嘲笑，对此，你要坚定自己的选择，不要畏惧别人的嘲笑，一步一步地接近自己的目标。

过于在意股价的短期波动

在股市中,低买高卖才能获得利润,可谓股市投资的原则,这一原则在股市里被称为资本利得。目前,很多上市公司的股票分红比较低,因此,资本利得是主要的获利途径。很多人进入股市后,希望每天尽可能多地获取资本利得,因而不少投资者选择天天看盘、时时看盘,并且过于关注大盘几天内的短期波动,甚至于每天、每时、每刻的涨跌;他们容易被一时的波动左右,一涨就追、一跌就卖,结果是亏损越来越大。由于过于注重股价的短期波动,还使他们容易忽视大盘走势。

的确,指数和股价每时每刻都在变动,这从一定程度上反映了投资者不同的心态,然而,股市的方向和每天的走势关系并不是十分密切。目前,我国股市还是受政策影响较大,尤其是宏观调控决定股市的方向。当股市出现疯狂的赚钱效应时,国家一般会出台相应的政策进行调整;当股市处于不断下跌状态时,国家又会出台政策把下滑趋势及时遏制住。

对于投资者来说,看盘时要抓住关键,即股市处于牛市还是熊市才是投资者要关注的。一般来说,大盘的波动是平常、频繁、剧烈的,投资者如果目不转睛地盯着大盘波动,要么会不知所措,要么会把心态搅坏,这些都不是正确的炒股之道。

我们不妨以贵州茅台(股票代码:600519)为例。贵州茅台上市于

2001年8月，在A股市场已10多年。这期间，贵州茅台给投资者带来了几十倍的投资收益。如果在贵州茅台上市首日就买入该股，那么股价至今已上升了40倍左右，据统计，贵州茅台10多年间的年化毛收益率达到30%左右。可以说，假如当时投资者买入后一路持有，那么定然会获得丰厚的收益。

实际上，并非所有人都能做到这一点。那是因为，当投资者起初买入贵州茅台股票后，经历了25个月的震荡下跌，市值被阴跌掉1/3；然后，贵州茅台开启了一段历时50个月的波段上升，市值从最低点上升了40倍；接着，股价又进入了一段消化高估值的瓶颈期，在此后93个月的时间内，股价仅仅上升25%。

我们可以想象，对于一个投资者而言，谁可以忍受刚买入股票便要立刻经历25个月的阴跌？谁又可以耐心地牢牢地把握50个月来吃尽40倍收益？谁又可以忍受93个月几乎没有上涨的岁月？可以说，只有把握大势，在一定程度上减轻短期波动对自己的干扰，才能最终获得连续10多年平均年化30%的收益率。实际上，能够真正这样做的投资者，是极少数的，他们实际上才是名副其实的看盘高手。

总的来说，在贵州茅台股票长期的上升旅途中，平均每涨6个月，就要伴随5个月的回调。因此，如果选择看盘炒股，没有良好的耐心是难以坚持到有重大收获的。

实际上，在贵州茅台股票上市后，其中50个月的涨幅就占到了最大涨幅的80%，也就是说，不到1/3的岁月就实现了整体涨幅的8成。如果投资者过于在意股价的短期波动，未能正确地判断清楚大势走向，从而错过了这1/3的岁月，就无法收获贵州茅台股票10多年间上涨40倍左右的硕果。

这正如西格尔[①]对20世纪80年代美国股票市场的运行特征所进行的分析，那就是：股票市场从长期来看，是呈向上趋势的，但并不是线性上

---

① 西格尔（Siegel），1896~1981年，德国数学家。

升，股价往往在少数的岁月里突然上升，只是事先让人不确知这段关键的岁月是哪段日子，在大部分的岁月里，股价在表现上毫无希望。可以说，关键的几天往往就可以成就或是摧毁你的投资计划，因此，投资者不要对股价的短期波动太敏感，要认识股价受供求关系影响，供求关系又是无时无刻不在发生变化，关键是要把握住一只股票所反映的内在价值，是在增加还是缩水。

总的来说，投资是一种职业，成功的投资者应该像所有其他行业的专业工作者，如律师、医生、工程师等一样，要先对自己的追求和职业进行足够的学习和研究。因此，投资者要学会一种理念和方法，不要过于追求快捷，应适当考虑稳健的投资与看盘风格。

形而上地分析盘面

投资者几乎每天都会看盘，然而不少投资者在看盘时，并不能对盘面上的各项指标进行有机地综合分析。由于缺乏对各项指标的全面分析，包括指标与指标之间的互相影响、相关性，就会造成分析的形而上误区，使得分析结果呈现孤立、静止、片面、表面的特征，未能深刻地反映出股市内在的变化，也就不利于投资者对股价未来走势的判断。

比如，投资者在进行盘面分析的时候，虽然发现盘面中的个股有主力吸筹，但股价未必会上涨，此时，若资金量不予配合，大盘不予配合，只能是主力自套。只有均线得到支撑，量能得到保证，并能持续放出，上升趋势初成，周线获得确认，才可以算得上好股票。

基于此，我们介绍以下比较全面地分析盘面的方法：

1. 快速阅读消息

这里的消息一般分为3种，即政策面消息、行业消息和公司消息。在当今这个信息时代，可以说信息甚至达到泛滥的程度，因此，如何从海量信息中寻找对自己有益的信息，反映了投资者信息检索能力的强弱。

2. 深入了解集合竞价

我们知道，集合竞价决定了开盘价，而开盘价又在一定程度上决定了一天的交易涨跌幅度，所以，集合竞价成了想吸筹或是想派发的机构必争之地。由于机构的席位可以直接挂入交易所，而散户投资者需要通过证券公司的中介作用才能实行委托，这就使得散户投资者在事实上要慢于机构一个拍子，因此，投资者有必要好好地研究一下如何看集合竞价，如何利用"价格优先，时间优先"这个交易规则来获取利益。

具体来说，集合竞价中的盘面信息主要如下：

（1）高开。如果股价处于K线低位，高开就是好事；如果股价处于K线高位，那么高开则多半是主力要出货了，投资者此时就要慎重。

（2）低开。如果股价处于K线低位，投资者要小心新的一波下跌；如果股价处于K线高位，低开则往往是股价跳水的象征。

（3）平开。这通常没有太大分析意义，主要看前一天的涨跌情况。

（4）挂单踊跃。如果一只个股买卖盘挂单很大，往往意味着该股将会出现异动。

（5）涨停价挂单。重大利好刺激或是机构发疯拉升，使得个股在集合竞价的时候就奔向涨停，这些个股如果要去追，需视其涨速而定。

（6）跌停价挂单。重大利空刺激或是机构大量出货，使得个股在集合竞价的时候就奔向跌停。对于这些个股，投资者应尽量在9：15之前就尝试着挂单，很多机构和部分券商提供的交易账号也可以在9：15之前挂单。

（7）是否有人打价格战。所谓价格优先，就是买的时候价格越高越好，卖的时候价格越低越好，投资者在集合竞价时要多观察，如果有很多人抢着买入，那么股票后市就会看涨；如果有很多人抢着卖出，则看跌。

3. 看开盘后的5分钟

正如我们刚才所说，集合竞价决定了开盘价，那么开盘后的5分钟则决定了股市一天的主要基调。一般而言，开盘5分钟内上涨的，一整天都会比较强势，尤其是高开后迅速高走，往往意味着该股要冲击涨停；开盘5分钟内下跌的，一整天都会比较疲弱，尤其是低开之后迅速走低，往往意味着该股要打到跌停。

若股价处于低位，高开之后就会迅速下跌，有可能是机构在故意打压建仓；高开之后迅速上涨，则意味着将要大涨；低开之后迅速下跌，有可能会展开下一波下跌；低开之后迅速上涨，有可能是机构利用集合竞价在打压，对于投资者来说，该股也可以考虑值得介入。

若股价处于高位，高开之后就会迅速下跌，有可能是机构在出货；高开之后迅速上涨，则意味着可能会继续拉升；低开之后迅速下跌，投资者亦需小心；低开之后迅速上涨，股价后市就可能会有反弹。

4. 看盘要注意几个重要的时间点

（1）9：30～10：00。由于开盘价和开盘后5分钟都在这个时间段，因此，这个时间段是非常重要的。

在股市中，早盘半个小时的涨跌，基本上预示着一天的涨跌。庄家想要吸筹或者出货，往往集中在这两个时间段开展动作，其中，第一个时间段是集合竞价时期，第二个时间段则是开盘后半个小时。因此，我们经常可以看到股票在开盘后的半个小时里交易十分踊跃，在这之后就开始走向平缓。

（2）13：00～13：30。一般来说，到了中午，当天的股市消息都出来了，经过中午一个半小时的休息，机构也会再一次确立自己一天中的主基调。

（3）14：00～14：30。股市中，一天的最高价和最低价，往往在这个时间段里产生。

（4）14：50～15：00。这是投资者买入强势股和卖出强势股的最后时机，也是机构表明自己吸筹还是出货的最后时机。

如果在一天时间里，个股股价走势非常一般，甚至出现下跌，但尾盘的10分钟内突然大涨，这种情形值得多头关注；如果在一天时间里，个股股价走势十分强劲，但尾盘10分钟却突然大跌，这种情形需要空头特别注意。

（5）收盘集合竞价。深市股票在尾盘3分钟也有集合竞价，其分析的意义和开盘前的集合竞价相似，投资者也应引起注意。

5. 关注价格线与均价线

在分时走势图中，价格线和均价线的分析方法，与K线联合均线的分析方法是基本一样的，具体来说如下：

（1）均价线在股价下方，则对股价形成支撑。

（2）均价线在股价上方，则对股价形成压力。

（3）涨停形态。股价线一直处于均价线上方震荡，并且少于3次之内跌破均价线，则该股有冲击涨停的希望。

（4）跌停形态。股价线一直处于均价线下方震荡，并且少于3次之内冲破均价线，则该股有跌停的可能性。

（5）由弱转强。股价线上穿均价线之后，如果能再次回抽，成功踩住均价线，则开始看好。

（6）由弱转强。股价线下穿均价线之后，如果反弹到均价线位置而未能收复，则开始考虑卖出。

我们接下来以庄家常见的反复震荡出货为例。一般情况下，庄家出货时的操作手法多种多样，其形态和作用也不尽相同，投资者在进行庄家盘口分析的时候，有时不免会被盘面的个别现象迷惑。

我们知道，出货是庄家进行拉升之后的动作，为了配合出货动作，庄家会在前期对股价进行一定程度的拉升。这种情况下，庄家常会采取反复震荡的方法出货。

所谓反复震荡出货，是指庄家在高位的区域反复制造震荡，使许多的中短线投资者误认为是"强势整理"，其实是庄家企图在震荡中将股价打底，随后再展开反弹拉升，诱使投资者在低位回补，庄家就可以在反弹中分批进行出货。

采取这种方式的重点在于庄家将震荡的幅度加大，从而增加出货的空间，股价拉得越高，其下跌的程度也就越深，反弹的空间就越大，庄家出货也就越多。

这种出货方式利用的是投资者追涨杀跌的心理,在股价被拉升到高位时,庄家会趁人气旺盛时出货,造成股价的回落;在股价下跌到一定程度的时候,庄家又会进行护盘动作,将股价再次拉升到一定的高位,之后又开始进行出货,这样周而复始,股价就形成了震荡的走势,庄家也在这个走势中顺利完成出货。

如果投资者在进行综合盘面分析的时候,不能够做到结合K线图、均线图、成交量图等指标进行全面的分析,便有可能在股价高位时被套牢。

我们来看下面的庄家反复震荡出货示意图:

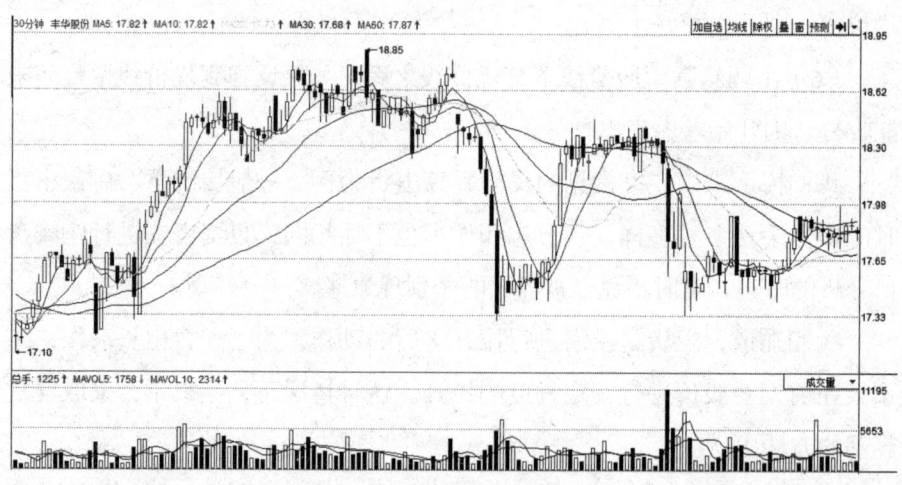

图7.1 庄家反复震荡出货示意图

在图7.1中,在股价被庄家拉高之后,庄家便在一定的高位采取反复震荡的方法出货,然后,股价向下发展,行情也转为下跌。由于庄家在此前的反复震荡中完成了大量的出货,再加上此时股价行情看跌,投资者对股价后市信心不足,成交量也出现零星惨淡的状况。如果投资者不幸在高位时买入股票，则面临被套的处境。

总之，投资者在分析盘面时，要积极盘活各类指标信息，建立各指标之间的有机联系，从而避免片面分析，避免在股市中决策失误。

牛市一定赚，熊市一定赔

牛市也称多头市场，指股价的基本趋势持续上升时形成的投机者不断买进证券，需求大于供给的市场现象；熊市也称空头市场，指价格连续走低的市场。牛市由于大盘的基本面好，投资者一般更容易赚钱；熊市由于大盘的基本面不够好，投资者赚钱相对难些。

尽管这样，并不意味着每个投资者都能在牛市中赚到钱，也不意味着每个投资者都无法在熊市中赚钱。比如说，这些年来，A股产生了几百只上涨数倍甚至十几倍、几十倍的超级大牛股，但是真正能拿住这些股票的人少之又少，唯有那些极少数孤独的坚守者，最终成了股票市场的大赢家。那么为什么只有极少数投资者能够坚守住呢？也许有些人会埋怨股票市场不成熟，不适合做"中长线投资"。实际上，这只是失败者的借口而已，真正的原因还在于自己。正如美国股票投资专家彼得·林奇所说："如果人们长期在股市赔钱，其实该怪的不是股票，而是自己。一般而言，股票的价值长期是看涨的，但是100个人中有99个人却老是成为慢性输家。这是因为他们的投资没有机会，他们买在高位，然后失去耐心或者心生恐惧，急着把赔钱的股票杀出。他们的投资哲学是'买高卖低'。"

接下来，我们看着影响投资者长期坚持的误区所在：

1. 不能站在一定的高度看待股价的正常波动

通常来说，即便业绩稳定的成长股，也总是出现波段性的上涨、横盘和下跌，往往上涨的时候涨过了头，下跌的时候也跌过了头，虽然从长期来看，股价随着公司业绩的增长是上涨的，但是在大多数的时间段里，往往走势不尽如人意。如果投资者面对这些大幅波动，不能正确看待，总以为自己买了业绩好的股票就应该上涨，却不知自己是在短期暴涨后追进来的，走势长期萎靡时又忍不住割肉了，而这一卖就又涨了。如果这样操盘的话，投资者即便在牛市，也可能亏损。

2. 错误地以为频繁的交易更能带来利润

不少投资者认为，高点卖出、低点买入可以比长期持有赚钱更多，然而，我们通过对美国股市的长期研究发现，这是个毫无根据的想法。实际上，频繁交易并试图有更多获利的投资者，从来没有超越过长期持有者，也从来没有跑赢大盘，这是一个铁的事实。可以说，靠交易来抽取佣金的投资基金，也无法长久打败大盘指数。因此，投资者应该合理分配自己的资金，保留一定比例的中长线投资。

3. 保持内心淡定

炒股，最难的阶段就是股价低迷时的坚持。在这个时候，由于人性中趋利避害的特点，再加上被媒体大众的误导，往往会做出错误的选择，因此，投资者保持内心淡定，避免被功利冲昏头脑，也是很重要的。

正是如此，才有不少炒股高手提出来，投资赚钱讲究的是"大道至简"，那就是"选对股，守得住"。如果能够做到这点，相信投资者在遇到牛市的时候，可以有效规避"牛市不赚钱"的尴尬。

另外，在处于熊市的时候，股市往往跌多涨少，在这种情况下，炒股显然会有难度。尽管如此，只要投资者在熊市坚持"仓位为本，短线为王，见好就收"的原则，一样可以在熊市中获利。

其中，仓位控制，是控制风险的最有效方法。因为在熊市中，本身风险就大于机遇,当成功率下降后,就需要更多的尝试次数,才能更好地赚钱;短线为王,是因为熊市是中长期走弱的市场,我们只能做短线反弹才有机会赚钱,如若长期持股,基于大势是下跌的,时间久了,很可能会入不敷出;短线操作,见好就收。

在具体操作时,投资者要注意以下几点:

(1)盘子大小。炒短线,一般都以盘子较小的股票为宜,盘子大,庄家收集筹码所需资金量较大,拉高出货也会受到一定制约,所以,短线炒作以流通盘在10亿股以下为宜,最好是5亿股以下的盘子。

(2)把握大势,踏准市场节奏。在短线反弹的行情中,抓住盘中爆出点的一两个热点,拿出少量仓位,做一些短线品种,获利目标以5%~10%为宜。

(3)目前价位。在弱势行情下,和者甚寡,跟风者少,主力拉投这类股往往是费力不讨好,所以,短线势点一般以低价股为主(10元以下为宜),也只有低价股,散户投资者才宜考虑跟进。另外,目前价位距离个股的起涨价位,也不能相差太大,应控制在10%以内为宜。

(4)买点上的掌握,切忌追高。一般来说,投资者在买进股票时,切忌盲目追涨。

(5)卖点把握。卖点上,除了有获利5%~10%的控制外,投资者还应从成交量和K线形态上来把握,如果成交量三天不创新高,或价创新高而量却呈缩减态势,或大换手率却未能推动股价,K线形态趋缓,或放量收长上影线,对于投资者来说,这一般是绝佳卖点。

总的来说,看盘炒股是一项技术活儿,投资者如果操作得当,无论是牛市,还是熊市,都可以找到赚钱时机,为此,投资者还是要练好看盘内功,才能成长为牛市、熊市通吃的看盘高手。

第八章
晋升看盘高手

相信每个步入股市的人都希望自己成长为一名看盘高手。那么,什么样的人才能称得上"看盘高手"?"看盘高手"是否一定要能够对股市"未卜先知"呢?其实并非如此。不是事先假定市场应该朝哪个方向走,而是让市场告诉自己会走到何处,你只需要对市场的走势做出及时、敏锐的反应。

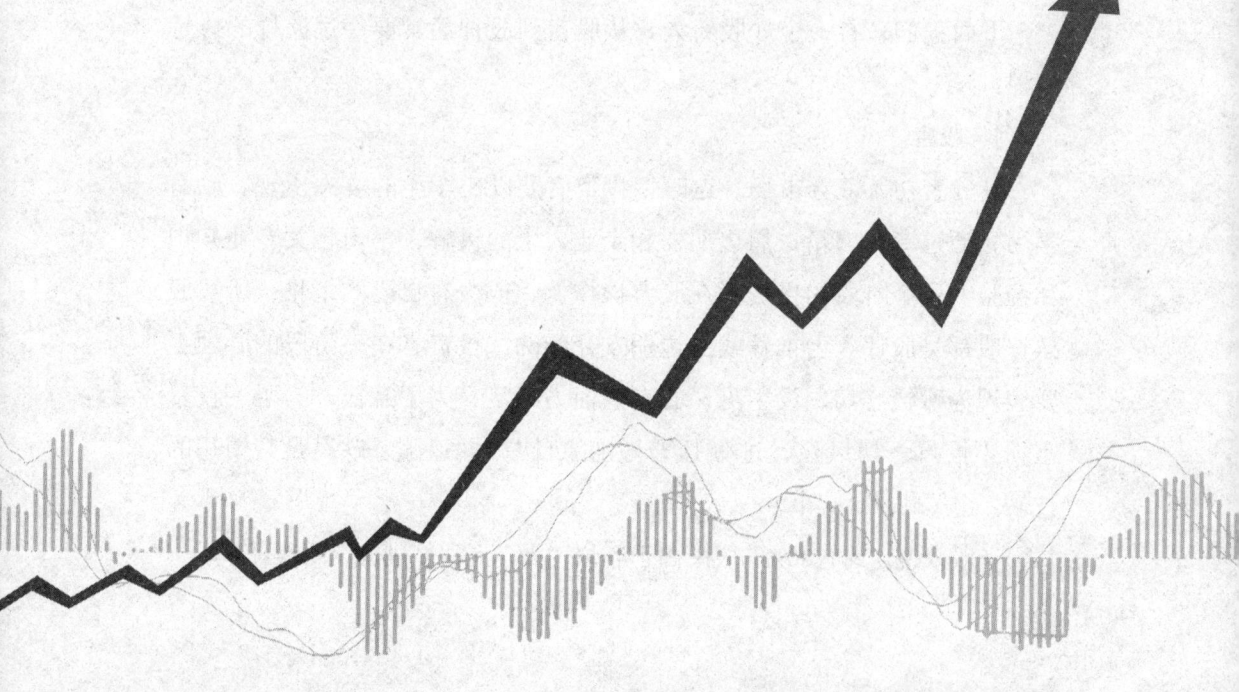

股市修炼：从股盲到股神

随着股票成为人们一个重要的理财工具，使得越来越多的人加入了炒股者的行列。尽管股民无数，但有些人能够从对股票市场一无所知奋战到屡有收获，使得利润像滚雪球一样越滚越大，最终成为身家亿万的股市风云人物，而大多数股民却成为庄家的"盘中餐"，甚至在股市中血本无归。这里面一个重要的原因是，不少人忽略了自己在股市中的成长过程，从而未能使自己在股市中实现升华。

下面我们来看一个炒股新人，从股盲到股神通常要经过怎样的修炼过程：

1. 股盲

投资者初入证券市场。这时，投资者要以小学生的姿态出现，勤奋学习，通过专业书籍、周边朋友和专业人士的讲解，学习相关专业知识和经验。这个阶段的投资者在股票操作上，很少有自己的主见，所买股票一般都是股评人士推荐或身边朋友介绍的。投资者在该阶段的心理主要表现为赚钱心切、没主见，心有余而力不足，为了赚钱，为了一夜暴富，不惜冒一切风险，过分频繁地随意交易，"追涨杀跌"是其惯用的伎俩。

一般来说，约有80%的股民由于心烦气躁，无法度过这个阶段。

2. 股痴

这个阶段的投资者意识到了前人经验的重要性，所以买了一大堆股票书籍开始学习。股痴又分为两类，一类是痴迷于技术分析，一类是痴迷于以巴菲特为代表的基本面分析。这个阶段的股民，每学会一个技术指标或一种理论就高兴不已，以为自己的知识越来越多，自信心也越来越强，然而，这个阶段的股民仍是赔钱。比如说，这次用技术指标分析时赚了钱，下次却又赔了；用基本面进行分析的，有些看似基本面甚好的股票，仿佛又始终未有动静。结果，学了一大堆指标、理论，结果看盘实战还是赔钱，对如何炒股赚钱又开始迷茫。

一般来说，从新股民达到股痴的境界，一般需要两年；只有大约30%的股民能达到股痴境界。该阶段的股市主要是那些成天看书、研究炒股技术指标，研究K线或某种投资理论的股民。

3. 股精

投资者经过"不断赚钱——赔钱——反思"的循环往复，经过牛市和熊市的洗礼，终于顿悟而达到股精的境界。此时，投资者已经形成了自己的操作风格和思路，不但对市场有了一定程度的理解，也对自身和处世有了更深入的了解，所以已经能够持续稳定地从股市中赚钱。在这个阶段，投资者如果赚了，一般会知道是怎么赚的；赔了，一般也会知道是怎么赔的。

一般来说，从新股民到股精的境界需要约6年的时间；只有大约5%的股民能达到股精的境界。

4. 股侠

投资者经过不断地学习、磨炼，掌握了丰富的理论知识和经验，也能把刻骨铭心的经验教训与理论有机结合起来。此时，投资者已经将浮躁、缺乏耐心、情绪不稳定、贪恋、恐惧、争强好胜、妒忌、自负、沮丧的心态基本上去掉了，能真正做到不以物喜、不以己悲，能毫不含糊地牢牢控制住自己的欲望，并终于在股市中成为呼风唤雨的股侠。达到这个境界的股民，在股市中赚钱可以说已经比较简单。

一般来说，从新股民到股侠的境界需要10年以上的时间和过人的悟性，尤其是对股市有着极其深入的理解和洞察力。能够进入该阶段的投资者，基本上可以有资格称为"看盘高手"。

5. 股圣

这个阶段的投资者已经能够将股票、权证、期货等各种投机技法玩得炉火纯青，在世界上的任何股市、期市几乎都能很轻易地赚到钱，成为闻名世界的一代投资家，甚至可以写出经典的投资理论著作，被全世界大批股民顶礼膜拜。

要达到这个程度，投资者不但要有好的心态，积累丰富的经验，勤奋刻苦地学习，还需要有一定的悟性。

6. 股神

股神可谓达到了看盘高手的巅峰。在股票市场上，他们以卓越的处世投资智慧创造着财富神话，甚至影响全世界股市的走向，对世界政治、经济发展会造成一定影响。他们通常是一边从股票市场中赚钱，一边积极地参与慈善事业，为世界做出巨大的贡献。

能够达到股神级别的，在全世界范围内都是凤毛麟角，如通过炒股一度成为世界首富的巴菲特。

任何看盘高手，包括股神级别的投资者，都是从新股民一步步地走过来的。只要你牢牢地守住对炒股事业的坚持，一定可以从金字塔的底部渐渐地跨越到顶部。

洞悉股市的游戏规则

股票市场的变化有3个方向，分别是上涨、下跌和横盘。股市状况的好坏通常以指数来反映，指数上涨时并非所有个股都同步上涨，总会有一些股票与指数产生差异，因此，相对于指数走势而言，股票可以分成3类，即同势股、弱势股和强势股。

同势股是指与指数走势相同的股票，它的涨跌节奏基本与大盘保持同步，这类股票的数量一般是最多的，因为指数本身就是所有股票的加权平均数，它的走势反映了股票市场的平均波动。据统计，同势股比例约占股票总量的75%。

弱势股就是在大盘下跌同期跌幅超过大盘，或者在大盘上涨阶段涨幅小于指数的个股；强势股则是指在大盘下跌阶段横向震荡或者逆市上涨的股票，以及在大盘上涨阶段涨幅明显超过大盘的股票。

对于投资者来说，无论炒股的目的是什么，选股的标准都是它必须能涨。很多人挑来挑去，结果买入的股票总没有丢掉的股票涨得好，根本原因是人的"恐高"心理在作怪，或者希求资金安全的心理在作祟。投资者应该选择股性活跃的强势股，因为这类股票买进和卖出都比较方便，通常情况下，日换手率在3%以下的股票，其活跃性不佳，比较清淡，日换手率在4%以上的为活跃股。

接下来，我们从选股的角度，系统地分析股市的游戏规则。

1. 全面看待公司业绩盈亏

不少股民认为，经营业绩盈利的公司，其股价也不会差；经营业绩亏损的公司，其股价也不会好，因而始终坚持"价值投资"，其实并非如此。这是因为，企业经营业绩报表的数据是上市公司做出来后提交到交易所的，交易所看到的只能是文字数据。这些文字数据又往往存在不同的解读方法。举例来说，机构如果要对股票进行洗盘，除了技术上的压盘，还可以通知上市公司做出业绩不好甚至亏损的报告，比如，上市公司只要把半年，甚至全年的预支出费用都计算到一个季度里，就会产生季度亏损，把2年，甚至3年的支出计算到年报中也会产生年亏损等，可以说方法很多；再比如，我们有时会看到企业的经营业绩预增几倍，甚至几十倍，这与企业财务报表的计算方法也大有关系，投资者如果片面地迷信企业的"经营业绩"，可能会对股票走势做出错误的分析。

2. 灵活看待技术指标

可以说，任何指标只能是进行数据统计，指标的原理是先有价格，再有指标变化，指标是滞后的，没有预知能力。比如，哪怕散户看到的是金叉死叉，机构也可以通过改变内部参数，做到技术指标金叉的时候反而出货，死叉的时候反而建仓。这样的话，投资者如果纯粹依赖技术指标来看盘，就可能对股价走势产生误区。

3. 大股东高管增减持的游戏规则

上市公司的高管增减持股票其实是一种暗度陈仓的游戏，如果机构想打压股市，可以事先和上市公司的高管商量好，高管的账户可以做到大量减持，但减持的资金完全可以通过其他手段来转移到机构账户里等。

4. 看消息公布利好利空

通常情况下，股市靠资金推动，股市中的消息则真假难辨。按照消息来源的真正流通顺序，除了上市公司外，第一个知道的是创投，第二个知道的是机构,第三个知道的是券商,第四个知道的才是散户。比如说,有这样一种现象,公司刚开始会在市场上有传闻,后来就会澄清,这有时是机构和上市公司之间的约定,机构需要利好的时候,上市公司没有利好也要创造利好,机构需要负面消息的时候,上市公司没有负面消息也要创造负面消息等,对此,投资者要能够分辨消息的真假。

5. 机构推荐的股票不宜盲目跟风

由于多数股票是机构在做庄控盘,所以机构利用了散户的侥幸与跟风心理,以"某股是机构推荐的"为由,试图诱导散户跟风。其实,机构的盈利本质是用自己的钱去控盘股票,靠拉升出货赚钱盈利,而且赚的钱一般都是来自于散户。对此,散户不可迷信机构推荐的股票。

总的来说,明白了上述的股市游戏规则,投资者在看盘时要进一步强化定力,凡事多从几个角度展开深入分析,从而得出正确结论,以免投资决策失误。

盘感需要训练

所谓盘感，是指对盘面走势具备的一种直觉。可以说，盘感完全是交易者自身在交易中的亲身体验，是交易经验和交易理念的综合积累，是亲身感受到的市场"综合信息"的沉淀。盘感只能在交易实践中体验，因此，盘感主要源于看盘实战。一般来说，如果投资者每天不断地看盘、操盘，坚持若干年，往往就会形成一种盘感。所以，盘感也可以理解为一种条件反射，这种条件反射来自于长久的经验积累。

一个看盘高手，往往具备出色的盘感。只要通过不断的训练及坚持不懈的努力，任何投资者都可以形成一种宝贵的盘感。实际上，良好的盘感也是成功投资股票的必备条件。

关于如何训练盘感，投资者可以从以下几个方面做起：

（1）坚持每天复盘，并按自己的选股方法选出目标个股。复盘的重点在于浏览所有个股走势，其次才是找目标股。在复盘过程中选出的个股，既要符合自己的选股方法，又要与目前的市场热点具有共性，有板块、行业的联动，后市走强的概率才会高。复盘的示意图见（见图8.1）。

（2）对当天涨幅、跌幅排在前列的个股再一次认真地浏览，找出个股走强（或走弱）的原因，发现你认为的买入（或卖出）信号。对符合买入条件的个股，可进入你的备选股票池，并予以跟踪。

第八章　晋升看盘高手

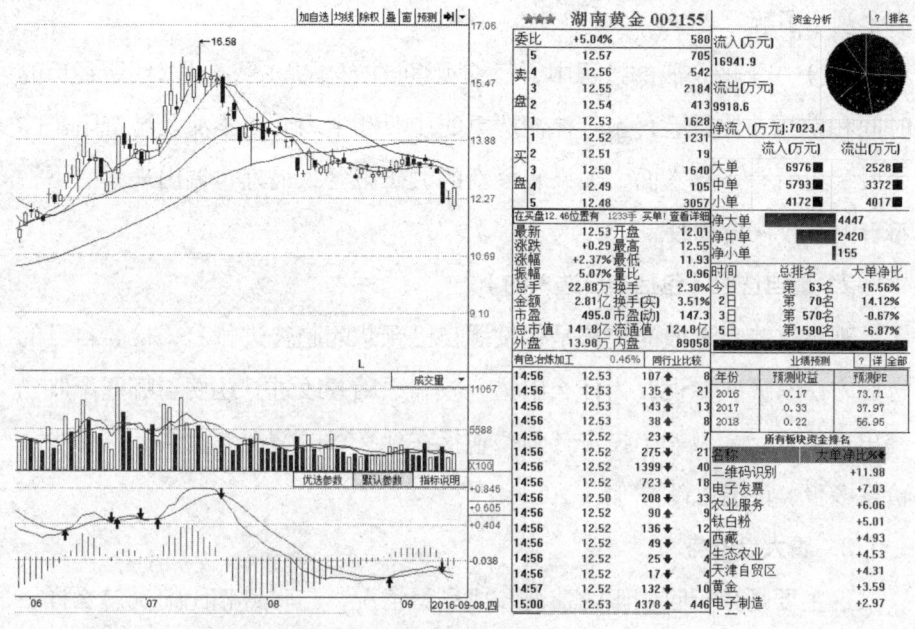

图8.1　复盘示意图

（3）训练自己每日快速地浏览大盘的动态情况，其中最核心的是要有一套适合自己的操作方法，并不断检验与优化。

在上述方法中，尤为重要的便是复盘。一般来说，复盘的步骤是：

1. 看深、沪两市的涨跌幅榜

（1）对照大盘走势，与大盘比较强弱，从而了解主力参与的程度，包括其攻击、护盘、打压、不参与等情况，了解个股的量价关系是否正常，主力拉抬或打压时的动作、真实性以及目的用意等，了解一般投资者的参与程度和热情。

（2）了解当日K线在日K线图中的位置与含义，再看周K线和月K线在时间上、空间上的位置与含义，从而了解主力的参与程度、用意和状态。

（3）了解哪些个股在悄悄走强，哪些个股已是强弩之末，哪些个股在不计成本地出逃，哪些个股正在突破启动等，这样才能对整个大盘的情况

159

有个基本了解。

（4）在了解个股的过程中，仔细观察日K线、周K线、月K线所经历的时间和空间、位置等，剔除控盘严重的庄股和主力介入不深及游资阻击的个股，再看一下基本面，如果有最新的调研报告，最好也调出来看一下，符合的就收入自选股。

2. 看自选股（包括当日选入的）

观察这些自选股的走势是否按照自己预想的趋势进行着，检验自己的选股方法有哪些错误，为什么出错，找出原因并改进。还要看哪些个股已经出现买点，要做一个投资计划，包括在什么样的情况怎么买、买多少、价格多少、止损位设置等。

3. 看大盘走势

这主要是分析收阴阳的情况和成交量情况，与昨日相比情况怎么样，整个量价关系是否正常，看整个日K线的整体趋势，判断是否可以参与个股，以及目前的大盘处于哪一阶段。还要看当日大盘的波动情况，什么时候在拉抬、什么时候在打压，拉抬是哪些股，打压又是哪些股，他们对大盘的影响力又是如何。

总之，投资者在掌握看盘基本要素及熟悉复盘的要求后，只要反复训练，其盘感一定会有不同程度的提高。尽管复盘的过程是辛苦的，但只有苦尽才能甘来。

高手的底线是保住本金

有句俗话说"股市没有常胜将军"。的确，再出色的看盘高手，也难免有失算的时候。为此，对于投资者来说，最为重要的是如何保住本金，这几乎也是很多看盘高手的一个底线。我们接下来学习投资者如何在股市中保住本金。

在投资者保住本金的努力中，有一个重要的概念是"止损"。止损是指当某一投资出现的亏损达到预定数额时，投资者要及时斩仓出局，以避免形成更大的亏损。其目的在于把损失限定在最小的范围内。实际上，在我们的投资经历中，当你发现自己的操作背离了市场趋势时，就必须立即止损，不得有任何延误，更不要抱有任何侥幸心理。

我们不妨来看一些数据：当你亏损10%时，你只要盈利11.1%就可以回本；如果你亏损25%，你就需要盈利33.3%才能够收回本金；如果你的亏损率达到了50%，你就要盈利100%才能够收回本金。实际上，在股市中，遇到一只下跌50%的个股不难，但是要找到并拿住一只上涨100%的个股就非易事。常言道"留得青山在，不怕没柴烧"，止损的意义就是保证你能在市场中长久地生存，以图日后再起。

其实，每个人都有止损的意识，但并非每个人都能够切实地执行止损，从而被深深地套牢。为此，投资者懂得止损、掌握止损也是非常重要的。

通常来说，投资者选择止损，一是主观决策出现错误，二是系统性风险的来临，如政策等环境因素不利，三是客观因素的变化，如突发性的利好或利空，上市公司在经营上出现严重问题等。

对于投资者来说，止损的关键，一是必须设定止损点，投资者要时刻记住"永远不要没有设定止损就开始一笔交易"，世上没有只赚不赔的股票，选择炒股就要增强风险意识，只有这样才能在股市中走得更远；二是坚持预设的止损点，很多时候，投资者容易犯"赌徒"的心理，那就是一输再输还想继续捞本，结果进入了无底洞般的恶性循环，导致自己破产，投资者在炒股时，一旦达到了自己预设的止损点，务必要果断止损，切不可恋战；三是忘记买入价，当投资者买入股票后，要立即忘掉自己的买入价，专心致志地根据市场本身和买进之前的计划来决定什么时候应该止损，不要使自己的主观感觉与情绪影响对市场的客观判断；四是忘记止损价，当投资者操作的个股达到止损位并做出止损操作后，我们就要忘记原先的止损价，当再次发现该股有新的买进信号后，要及时买入，并制订好新的止损计划，包括新的止损价。

另外，投资者要积极地将止损融入股票操作中。为此，投资者要深入了解所操作的股票，在买入股票前，先全面了解该股票的信息和之前的走势，如公司的基本面（营业收入、利润、流通状况、股东状况、营业区域、所属行业、题材）以及公司股价走势的技术面（股价、支撑位、压力位、成交量）等。可以说，只有对一只股票有充分的了解，投资者在操作时，才能做到心中有谱，操作上也才能游刃有余。

投资者要认真地制订操作计划，对选定的目标个股，要设定详细的交易计划，如买入价、仓位、目标价、止损策略和止损位置等。在这一系列的准备工作准备完成后，再按自己的计划开始相应的操作。在操作中，投资者要严格执行操作计划，如在股价达到预设的止损位时，就要严格止损。

在止损的具体设置方面，首先，要设置止损价，其中有几点可供参考，一是股价跌破5日成本均线，二是股价跌破上升趋势线，三是股价跌破前期股价整理平台的下边线，四是股价跌破震荡收敛形成的三角形下边，五是跌破自己的心理亏损幅度（一般-5%为止损标准）。

其次，克服止损的心理障碍，实际上，止损的最好方法是不需要止损。在选股时，就把止损方法加进买入决策中，可以有效减少止损情况的发生，这样的话，我们才会在操作时多一分冷静，少一分急躁，从而减少错误决策的产生。

最后，学会止盈。对于新股民来说，这点尤为重要，因为不少新股民就是"从盈利持有到亏损甚至深度套牢"，一个重要原因是不善止盈。如果这样的话，会使我们的账户资金经常如坐过山车一样，一会儿上、一会儿下，难以稳定，也难以有实质性的收获。所以，做好止盈，根据市场本身当前的走势情况决定是否卖出，只有这样，才能做到进退有度，获得实实在在的盈利。

总之，身为看盘高手，最起码要让自己即便在极其不利的情况下，也能够留下日后东山再起的资本；若遇到有利时机，就大胆操作，实现利益的最大化。无论如何，保住本金都是很有必要的，这也是看盘高手的一个底线。

长线布局，笑到最后

对于投资者来说，如果将炒股作为自己一生中的一项重要的投资活动，自然离不开长线、中线与短线的投资布局。其中，对投资者从股市中获取的财富多寡有决定意义的，便是长线投资。

对此，正如巴菲特为个人投资者提供的一个投资建议：

"作为一个投资者，只要以合理的价格买入这样一家公司的股票就行，一是可以容易地理解这家企业的业务，二是几乎可以肯定未来5年、10年、20年间，这家企业的盈利将大幅增长。经过一段时间的实践，或许只有少数几家公司能够符合这样的标准，所以，当找到一家完全符合标准的公司时，就应该购买其相当多的股票。如果买入一些符合标准的公司的股票，形成一个投资组合，这些公司的盈利之和未来几年将大幅增长，股票组合的市值也会相应大幅增长。这也正是过去为伯克希尔·哈撒韦公司（巴菲特于1956年创建，主营保险业务）的股东创造财富的方法，伯克希尔·哈撒韦公司的透视收益过去这些年大幅增长，而股票价格也随之大幅上涨。"

可以说，巴菲特这种寻找稳定成长股的投资方法，将股票投资变得非常简单。那么，巴菲特为什么如此强调公司收益的持续增长呢？原因很简单，长期来看，企业收益持续增长，股票的内在价值就会持续增长，而内在价值持续增长，股价自然会持续增长。

我们不妨来看巴菲特投资的一系列公司，如H&R布洛克公司、百时美施贵宝公司、贾斯丁工业公司、百盛餐饮、耐克公司、可口可乐公司等，巴菲特买入这些公司的股票后，几乎都是持有若干年，最终保证了自己每年平均都有20%以上的盈利率。

当然，投资者单纯地学习巴菲特的长线投资就一定能赚钱吗？回答是肯定不能。因为巴菲特的长线投资有很多重要前提，这些前提归纳成一句话，就是对上市公司要进行充分的调研，并在一个适合的时机买入且持有。

真理往往是简单的，正所谓"大道至简"，但若真正做起来，往往就没有这么简单了。我们先来看巴菲特通常选择哪些投资对象。众所周知，巴菲特投资的公司，无一例外是具备行业垄断，并具有持久性竞争优势的公司。巴菲特对这些公司进行调研分析时，特别关注的一项就是股东权益收益率，这是因为，具备持久性竞争优势的公司均表现为较高的股东权益收益率。还有一项重点关注的是总资本回报率，即巴菲特要求公司拥有长期较高的总资本回报率。

我们从巴菲特的选股风格可以看出，他是一位追求较高安全性的保守投资者。其实，作为长线投资者，首先是一位追求安全的保守投资者。正是这种保守性，使得巴菲特仅靠炒股，一度成为世界首富，并笑到了最后。

为了帮助投资者选对个股，巴菲特为投资者提出以下几点建议：

（1）企业管理层是否可以肯定地被评估。从这点上，可以看出上市企业在经营上是否规范与科学，这又往往反映出上市企业的经营质量，这也是股价所依托的基础。

（2）上市企业长期的经济特征是否可以肯定地被给予评估。不仅企业实现其全部潜能的能力要可以被评估，而且企业英明地使用其现金流通量的能力也可以被评估，只有这样，才能动态、深入地了解公司的经营能力。

（3）管理层是否可以被充分信赖，保持渠道畅通，使收益得以从企业转入到股民手中而不是被据为己有。

我们再来看巴菲特是如何选择投资时机的。一般来说，巴菲特从不参与华尔街盛行的大势投资，也就是说，他的买入时机不在投资者疯狂时期，而是在投资者们几乎都对股市绝望时，巴菲特就集中资金大胆投入，他认为，当大多数投资者目光短浅时，正是自己大比例投资的良好时机。

巴菲特还认为，最理想的证券投资是集中投资，可以说，选准时机、大胆投入，是获取丰厚回报的基石。

总的来说，投资者在进行投资时，在有条件的情况下，可以将投资的资金分成三类，分别用于长、中、短线投资，这样的话，一方面通过长线、中线投资来获取中长期收益，另一方面积极地充分利用股价波动带来的无限市场机会，通过娴熟的看盘技巧从中获利，最终笑傲股市。

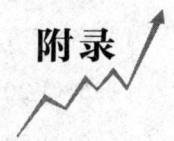

股市常用术语

股市全称为"股票市场",是指已经发行的股票转让、买卖和流通的场所,包括交易所市场和场外交易市场两大类别。由于股市是建立在发行市场①基础上的,因此,股市又被称作"二级市场"。

股票市场的前身起源于1602年荷兰人在阿姆斯特河大桥上进行荷属东印度公司股票的买卖,而正规的股票市场则最早出现于美国。股票市场是投机者和投资者双重活跃的地方,也是一个国家或地区经济和金融活动的寒暑表。股票市场无时无刻不在变化,并充满了无数的商机和陷阱。

当前,中国有上交所②和深交所③两个股票交易市场;在世界上比较著名的股票市场还有纽约证券交易所、东京股票交易所、伦敦证券交易所、香港联合证券交易所等。从理论上来说,按照年化收益率35%来计算的话,1万元人民币在股市中运作10年,可以变为20多万元,即【1×

---

① 发行市场,又称"一级市场",是筹集资金的公司或政府机构将其新发行的股票和债券等证券销售给最初购买者的金融市场。
② 上交所,全称"上海证券交易所",正式营业于1990年12月19日。截至2009年底,上交所拥有870家上市公司,上市证券数1351个。
③ 深交所,全称"深圳证券交易所",成立于1990年12月1日;2004年5月,深交所的中小企业板正式推出;2009年10月,深交所的创业板正式启动,标志着深交所多层次资本市场体系架构基本确立。

（1+35%）10】万元人民币；运作20年，可以变为400多万元，【1×（1+35%）20】万元人民币；运作30年，则可以剧增为8100多万元，【1×（1+35%）30】万元人民币。

谈到股市，自然离不开股票。中国上市公司的股票主要分为A股、B股、H股、N股、S股等，这主要是依据股票的上市地点和所面对的投资者而定的。其中，A股即人民币普通股，是由中国境内公司发行，供境内机构、组织或个人（从2013年4月1日起，境内、港、澳、台居民可开立A股账户）以人民币认购和交易的普通股股票；B股即人民币特种股票，是以人民币标明流通面值，以外币（美元或港元）认购和买卖，在上海和深圳两个证券交易所上市交易的股票；H股即在内地注册，在香港上市的股票，由于香港的英文名称是HongKong，取其首字母，便为H股，以此类推，在纽约上市的股票为N股，在新加坡上市的股票为S股等。

上述概念可谓投资者在入门时就要掌握的。所以，在进入股市时，我们先从了解股市术语开始，对于炒股者或操盘手来说，有效地掌握这些股市术语可谓最基本的要求，也能为我们今后顺利看盘奠定必要的理论基础。

1. 盘口与内盘、外盘

所谓"盘口"，是在股市交易过程中，看盘观察交易动向的俗称。盘口中蕴含着丰富的信息，比如，我们通过观察某一只股票在开盘后的分时走势，买盘、卖盘的每一笔成交，观察大笔成交的动向，观察主力意图等。

图8.2是个股"中国航天"的盘口示意图，出现了"委比""委差""外盘""内盘"等术语，以及K线图、均线图、成交量图等图表，这些概念，我们会在后续内容中一一介绍。另外，在图的右上部有"买①""卖①"等词汇，分别表示了委买、委卖的状况。

其中，投资者以比市价低的价格进行委托买入，并处于排队的量，构成委托单,是为"委买",从中可以看到前3个价位的委托量;投资者以比市价高的价格进行委托卖出,并在排队的量,代表"委卖"。委买与委卖的差,则是"委差"。

外盘又称作"买盘",代表以卖出价(通常比市价高)进行委托买入,并已经"主动成交",买入成交数量统计加入外盘;内盘也称作"卖盘",代表以买入价(通常比市价低)进行委托卖出,并已经"主动成交",卖出成交数量统计加入内盘。

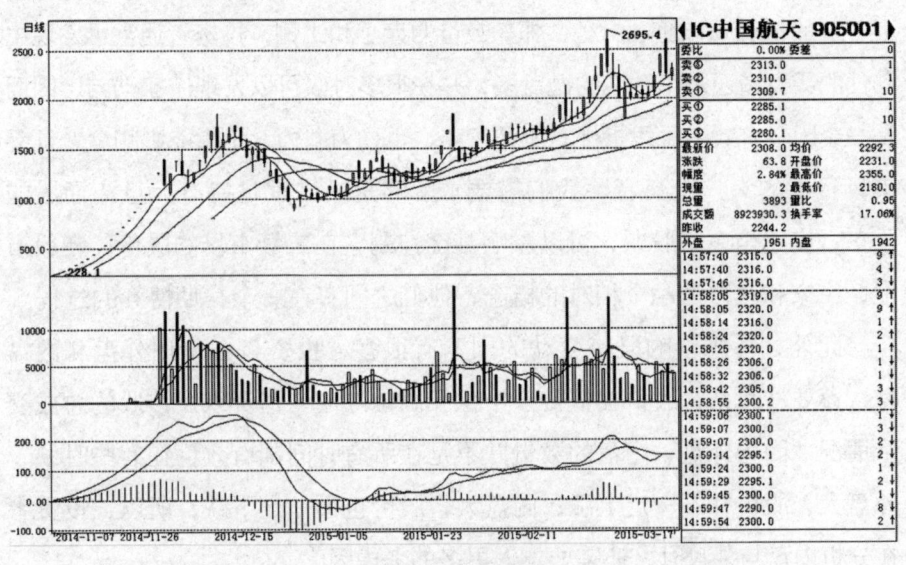

图8.2 盘口示意图

一般来说,内盘反映了投资者卖出股票的决心,如投资者对后市不看好,为保证卖出股票一定成交,抢在别人前面卖出股票,可以买②、买③的价格或者以更低的价格报单卖出股票。这些报单都应计入内盘,因此,内盘的积累数越大(与外盘相比),说明主动性抛盘越多,投资者不看好后市,所以股票继续下跌的可能性就越大。

相对而言,外盘表示股票的买家以卖家的卖出价而买入成交,成交价为申卖价，说明买盘比较积极。当成交价在卖出价时，将成交数量加入外盘累计数量中，当外盘累计数量比内盘累计数量大很多时，表示很多人在抢盘买入股票，这时，股票有价格上涨趋势。

举例来说，如果投资者想买入100手某只股票并保证成交，可以按卖一的价格报单买入股票100手，即可以马上成交。这种以高价位的叫卖价成交的股票成交量计为外盘，也就是主动性买单；如果投资者对后市看好，买不着股票，还可以卖二、卖三，甚至更高的价格报单买入股票，这种主动出高价以叫卖价成交的成交量，反映了投资者主动买入股票的决心。

一般情况下，通过内盘、外盘数量的大小和比例，投资者通常可发现主动性的买盘多还是主动性的抛盘多，并在很多时候可以发现庄家动向，因而是一个比较有效的短线指标。所谓庄家，也称为主力，是指能影响金融证券市场行情的大户投资者，我们需要了解的是，庄家是持有大量流通股的股东，庄家坐庄某股票，可以影响甚至控制它在二级市场的股价。在股市上，庄家和散户是一个相对的概念，他们之间存在一个长期博弈的过程。

此外，考虑影响股市变动的因素有很多，投资者在使用外盘和内盘时，还要注意结合股价在低位、中位和高位的成交情况以及该股的总成交量情况。因为外盘、内盘的数量并不是在所有时间都有效，在有些时候，外盘大，股价并不一定上涨；内盘大，股价也不一定下跌，所以，投资者在分析内盘与外盘时，还需要加入更多的考虑因素。

比如，股价经过了较长时间的下跌，处于较低价位，成交量极度萎缩。此后，成交量温和放量，当日外盘数量增加，大于内盘数量，股价将可能上涨。在股价上涨过程中，时常会发现内盘大、外盘小，这种情况并不表示股价一定会下跌。因为庄家有时用几笔买单将股价拉至一个相对高的高位，然后在股价小跌后，在买一、买二挂买单，一些投资者认为股价会下跌，纷纷以叫买价卖出股票，但庄家分步挂单，将抛单通通接走。这种先拉高后低位挂买单的手法，常会显示内盘大、外盘小，达到迷惑投资者的目的，待接足筹码后迅速继续推高股价。因此，若股价已上涨了较大的涨幅，在某日外盘大量增加，但股价却不涨，投资者需要警惕庄家制造假象，准备出货。其中，所谓"挂单"，是指在股票交易时，投资者把所要买进或卖出的股票的名称、数量、价格填写好后，提交给交易系统等待成交，这个过程就叫挂单。

此外，在股价经过了较长时间的数量上涨后，股价处于较高价位，成交量巨大，但不能再继续增加，当日内盘数量放大，大于外盘数量，股价将可能继续下跌。在股价下跌过程中，时常会发现外盘大、内盘小，这种情况并不表明股价一定会上涨。因为庄家有时会用几笔抛单将股价打至较低位置，然后在卖一、卖二挂卖单，并自己买自己的卖单，造成股价暂时横盘或小幅上升。此时的外盘将明显大于内盘，使投资者认为庄家在吃货，而纷纷买入，结果，次日股价可能继续下跌。其中，抛单是卖出单中的一种，其卖出价不高于第一买进挂单的报价，这种单子有一种主动卖出的迫切性，因此会对市场产生向下的压力。

另外，广大投资者在长期的看盘炒股实践中，总结出了实用而丰富的盘口语言，以指导投资者更好地看盘。接下来我们列举若干盘口语言：

（1）大盘跌的时候，内盘大于外盘会下跌，而且两者差距愈悬殊则跌幅愈大。

（2）高开高走不涨停，先卖掉。

（3）炒股，不需要什么提前预测，也不需要到处打听消息，只要看懂了盘面，就能轻松逃顶和抄底，盘面反映一切。

（4）低开后平稳上涨且有大手笔成交股，可随机买进。

（5）高开低走且有大手笔成交的个股，必须及时卖出。

（6）股价的相对高位区，属于"事故多发地带"，股民应采取"一看二慢三通过"和"宁等三分不抢一秒"及"卖要坚决、买要谨慎、割肉要狠、止损要快"的策略。

（7）应付股市的突然变化，唯一的方法就是果断斩仓。

上述盘口语言有助于我们在看盘中参考，但需活学活用，具体情况具体分析，从而在盘面分析中形成正确的认识，做出果断的抉择。

2. 蓝筹股（Blue Chip Stock）与红筹股（Red Chip Stock）

"蓝筹"一词源于西方的赌场，在西方的赌场中，有三种颜色的筹码（蓝色、红色和白色），其中蓝色筹码最为值钱，红色筹码次之，白色筹码最差，后来，投资者把这些行话套用到股票市场。在股票市场上，那些在其所属行业内占有重要支配性地位、业绩优良、成交活跃、红利优厚的大公司的股票，一般被投资者称为蓝筹股。

通常情况下，蓝筹股所属的公司经营管理良好，创利能力稳定，能够比较稳定地连年回报股东以红利。这类公司在行业景气和不景气时，均具备一定的赚取利润的能力，风险较小。一般来说，蓝筹股的稳健性主要体现在3个方面：

（1）萧条时期，公司能够制定出保证公司发展的计划与措施。

（2）繁荣时期，公司能发挥出最大能力创造利润。

（3）通胀时期，公司的实际盈余能力保持不变或有所增加。

当然，蓝筹股并不是一成不变的。随着公司经营状况的改变，以及经济地位的升降，蓝筹股的排名也会发生变更。据美国《福布斯》杂志统计，1917年美国境内的100家大公司中，截止到2010年，只有43家公司的股票仍在蓝筹股之列，而当初"最蓝"、行业最兴旺的铁路股票，2010年时，便已在美国丧失了入选蓝筹股的资格和实力。可见，随着社会经济的发展与多元化趋势，蓝筹股也在相应地发生着变化。

具体说来，蓝筹股又包括多种类型，如一线蓝筹股、二线蓝筹股、绩优蓝筹股、大盘蓝筹股等。通常情况下，一线蓝筹股的业绩稳定，流股盘和总股本较大，也就是权重较大的个股，一般而言，这类股的价位不是太高，但群众基础好，可以起到四两拨千斤的作用，牵一发而动全身。

很多时候，一线蓝筹股与二线蓝筹股没有井然分明的区别。比如，在A股市场中，二线蓝筹股是指在市值、行业地位及知名度上略逊于一线蓝筹股的股票，但从另一个角度上来看，这些公司的股票又可以是其所属板块与行业内的一线蓝筹股。

所谓绩优蓝筹股，是从蓝筹股中衍生出的词汇，是业内在以往已经公认的业绩优良、红利优厚、保持稳定增长的公司股票，而"绩优"则是从业绩表现排行的角度，予以优中选优的个股。一般来说，绩优股未必是蓝筹股，因为"绩优"反映的是历史状况，而"蓝筹"不仅要回顾历史（如业绩不能太差，起码要中上水平），更要展望未来，要能够反映出股票在未来的成长性。

关于大盘蓝筹股，从各国的经验来看，那些市值较大、业绩稳定、在行业内居于龙头地位并能对所在证券市场起到相当大影响的股票，才能担当得起"蓝筹股"的美誉，其所具备的一个显著特点是市值大、市场盘面大。通常情况下，小盘股不是蓝筹股。这是因为，小盘股往往会被少数部分投资者，即俗称的"庄家"控制，而蓝筹股由于流通盘、市值都很大，广大普通投资者都能积极参与，这使得市场上很难有庄家能操控这类股票，因此具备高流通性、非庄股性的特点。

那么，大公司的股票就是蓝筹股吗？这也未必。通常情况下，蓝筹股一定是大型公司的股票，规模大是成为蓝筹公司的一个必要条件，但是大的公司不一定是经营业绩与成长性俱佳的公司。其中，蓝筹股的成长性，体现于公司优势资源在优势管理的基础上产生的利润增长。因此，投资者在选择蓝筹股时，务必要慎重地全面衡量。

在对蓝筹股有了一定了解后，我们再来看红筹股。我们知道蓝筹股的概念是参考了西方赌场上蓝色筹码的概念，那么，红筹股的概念又是缘何而来呢？

关于红筹股，通常有两种观点：一种观点是按照业务范围来区分，如果某个上市公司的主要业务在中国大陆,其盈利中的大部分也来自于该业务,这家在中国境外注册、在香港上市的股票就是红筹股;另一种观点是按照权益多寡来划分,如果一家上市公司股东权益的大部分直接来自中国大陆,或具有大陆背景,也就是为中资控股,这家在中国境外注册、在香港上市的股票就属于红筹股。

1997年4月,恒生指数有限公司在编制恒生红筹股指数时,就是按照第二种观点来划定红筹股的。由于恒生指数十分实用,基于第二种观点的划分方法便被更为广泛地运用。其中,恒生红筹股中所选取的样本股,也称为"成分股",并非指所有红筹股,而是符合若干选取条件的红筹股。一般来说,恒生红筹股指数的成分股选取标准是:

(1)内地国有机构、省市单位直接或间接持有该红筹股不少于35%的权益。

(2)在联交所上市满12个月。

(3)被内地国有机构、省市单位或有关机构收购满12个月。

(4)在过去一年内,除非公司停牌交易,否则不可超过20个交易日无成交。

(5)不是国企H股。

恒生红筹股指数的计算公式是:

现时指数=(现时成分股的总市值)/(上日收市时成分股的总市值)×上日收市指数

恒生红筹股指数在1997年6月16日正式推出时,包括32只符合其选取条件的红筹股,以1993年1月4日为基日,基日指数定为1000点;2001年6月1日调整为47家,为历史最多;2001年10月3日调整为27只,主要由市值较大、交易活跃且具有行业代表性的红筹股组成,分布的行业主要包括石油化工、房地产、港口运输、汽车、科技及综合类等，基期也相应改为2000年10月3日，基期指数为2000。

除了香港股市以外，有中国大陆背景的企业还可以通过红筹方式在新加坡、美国等国外股市上市。举例来说，2003年以后，中国企业赴新加坡上市形成热潮，上市企业以民营企业为主，红筹模式被广泛运用。其中，在2003、2004两年，每年都有12家中国企业在新加坡上市。

从1992年起，中国公司开始在美国上市，前期包含两类企业，直接上市与间接上市并存：一类是在香港上市的国企H股又在美国纽约证券交易所上市，如青岛啤酒、上海石化、马鞍山钢铁等公司；另一类为外资或中资的公司以红筹方式上市，如华晨金杯汽车、中国中策轮胎和正大易初摩托等。当时，在美国上市的中国企业以制造业为主，中国经济强劲的增长速度也吸引了国际投资者，其中，华晨金杯汽车在上市后的一个多月内，股价从发行价的16美元上涨至33美元便是一个典型的例子。这是美国股市上的第一波中国热。

1999年和2004年，又掀起两波在美国上市的高潮，主力都是网络股。前一波的代表是中华网和我国三大门户网站（网易、新浪和搜狐）；后一波的代表是Tom在线、掌上灵通、盛大娱乐等。这两次高潮的主力也都是红筹股。

此外，在英国伦敦、加拿大多伦多、日本东京也都有少量的红筹股存在。

总的来说，海外市场除香港外，并不特别强调红筹的概念，而是统一定义为"中国概念"。无论H股、S股、买壳上市[①]、造壳上市[②]等，不管来源如何，只要满足各证券交易所的上市标准，就可以上市。因此，

---

① 买壳上市，是指非上市公司购买一家上市公司一定比例的股权来取得上市的地位，然后注入自己的有关业务及资产，实现间接上市的目的。
② 造壳上市，指公司在境外的百慕大、开曼、库克群岛、英属处女群岛等地注册公司（或收购当地已经存续的公司），用以控股境内资产，而境内则成立相应的外商控股公司，并将相应比例的权益及利润并入境外公司，以达到上市目的。

随着全球经济一体化趋势的加强，红筹股与非红筹股间的界限也在相对模糊。

3. 短线、中线和长线

短线、中线和长线是投资领域经常用到的词汇，尤其在股票、期货市场中会被经常提到与用到。从持仓时间上来说，短线在5天以内，中线在3个月以内，长线在6个月以上。再进一步从持股时间上细分的话，又可以细分为超短线、短线、中短线、中线、中长线、长线等。一般来说，短线、中线与长线并没有严格的划分标准，短线也称为周级别之内，中线也称为月级别，不能超过一个季度，长线一般要在半年以上的时间。

具体来说，短线通常是指在一个星期或两个星期以内的时期，投资者只想赚取短期差价收益，而不去关注股票的基本情况，投资者主要依据技术图表来分析市场。做短线的投资者通常以两三天为限，一旦没有差价可赚或股价下跌，就会平仓一走了之，再去买其他股票做短线。

一般来说，短线要求有较高的炒股专业技能，要求时时盯盘；长线要求有较高的经济学知识，能够从大量的资料中分析和研究上市公司的长期发展趋势；相对来说，中线方法简单，收益率也较高。

投资者做中线投资，需要对股票本身进行一番分析与研究，对上市公司的表现有一定信心，并在股票价格适中的时机买入，一般持有一个月甚至一个季度，以静待升值，博取利润。

长线投资意味着对某只股票的发展前景看好，不在乎股价一时的升跌，在该只股票的股价进入历史相对低位时买入股票，做长期投资的准备。股票持有时间一般在半年以上。

在具体操盘上，短线、中线和长线存在一定区别。比如，三者的获利期望明显不同，在操作成功的前提下，短线一般是快进快出，对收益要求不高，短线投资者要有严格的操盘纪律，看错了个股要能够马上止损，有收益也要设立止盈点，戒除贪心；中长线要达到20%以上收益，才有中长线持股的必要。

接下来我们看短线、中线和长线的操作方法与规则。

通常情况下，短线操作的核心是追涨杀跌，以实现频繁交易、快速获利。对于短线操作来说，可以参考下述几个方法：

（1）投资者要看即时图、1分钟或3分钟图、买卖方挂价、成交量及吃单情况，从而迅速把握当日当时眼前的走势。其中，当均价线（黄色）向上倾斜，价格线（白色）在均价线之上，且一波比一波走高时，表示当前是涨势，投资者可以考虑以做多为主；当均价线向下倾斜，价格线在均价线之下，且一波比一波走低时，表示当前是跌势，投资者可以考虑以做空为主；当均价线为水平走向，价格线在均价线上下来回穿越时，表示当前是盘整或震荡势，可以考虑暂不入市；看见价格线上穿均价线时，可以考虑做多，价格线下穿均价线时，可以考虑做空，在价格线"穿越"均价线的一瞬间，能够将1分钟或3分钟图、吃单情况和成交量予以配合分析，可以获得更为精准的判断时机。

（2）投资者在做单前尽量不要带有任何主观的、人为的方向感。每一笔交易的入市，都要提前设好止损点或止损条件，在出入市时，不要片面地计较盈亏或价格的高低。可以说，做短线投资时，宜选择近日来成交量最大、持仓量不断增加、在涨势中领涨或在跌势中领跌的热门品种。一般来说，没有大成交量的品种，通常不是短线操作的重点。

（3）投资者在做短线投资时，务必要戒"贪"，投资者应该压缩每一笔"超短"交易的获利目标。或者说，短线投资的巨大获利是靠许多次的交易累积而成的，短线投资者应该以次数取胜。举例来说，假如每天获利1%，那么一年200多个交易日，一年下来的获利就可以超过200%。

我们再来看一下中线投资中5个普遍使用的操作原则：

（1）投资者应该建立自己的股票池，尽量做自己熟悉的股票。为此，投资者要对各个板块的龙头股有所了解，并列入自己的股票池中，经常予以观察。通常情况下,在一波中线行情中,总会有领涨板块,而领涨板块中的龙头股往往涨幅最大。

(2)看清盘面大势。一般来说,大盘在下跌时不宜买入,在调整时期也不宜买入,在上升期间可以考虑买入。

(3)中线与短线一个显著的不同点是,中线投资不推荐频繁地每天看盘,应该避免看到短线的波动,就轻易改变自己的操作计划。

(4)做中线投资要注重买跌,不要像短线那样"追涨杀跌",中线的机会一般是跌出来的,同时,做中线要有严格的止损、止盈率。中线的止损率一般为15%,达线就要出局;中线的止盈一般是在K线图中,当天的阴线达到前三根K线的底部时,第二天可以考虑出货,另外,投资者也可以自定义止盈率的具体数字。

(5)一般不要满仓操作,也不要一次清仓,较适宜坚持半仓操作,这样的话,进退自如,能够较好地控制仓位,也便于控制各种可能发生的风险,同时也使买跌和补仓成为可能。

除了上述5个操作原则外,中线操作还应考虑选股方法和买卖时机。对此,投资者在阅读本书的过程中,可以边阅读、边实践,包括在一些炒股模拟实战软件中进行练习,以加深对选股方法和买卖时机的领会与理解。

接下来我们看长线投资。可以说,长线投资是购买公司生意的一部分,因为购买股票相当于购买企业的一部分股权,所以,投资者在进行长线投资时,一般要选择那些经营良好、具有一定品牌知名度的公司的股票,这些公司的净利润增长率应保持10%~25%,分红率应保持3%左右,每年要保持分红再投资。投资者一般不会在短期波动或短期波动亏损内卖掉持有的股票及股份。在实际操作中,长线投资大多持有股票3年以上,甚至还有投资者10多年持有同一股票。世界著名的投资者巴菲特就很推崇长线投资。

总的来说,短线与中线、长线之间并无优劣之分,只要个人适应、擅长就是合适的。一般情况下，在具备风险控制手段时，短线投资更易积少成多，也能快速取得超额收益；在选对股票的前提下，中线和长线投资更能取得非常稳健的高收益。

有人形象地说，短线投资者更像是艺术家，因为无论行情涨跌，投资者必须时刻保持对行情的热情，并始终处于恐慌和兴奋的状态；长线投资者较像工程师，投资者需要对整个过程进行控制与修正，并且需要忍受市场的合理调整与异常时期的宽幅震荡，以及市场低迷时期的寂寞与孤独。基于此，业内一般认为，短线投资者更需要激情，长线投资者更需要理性。

4. 多头与空头

多头，是指投资者对股市看好，预计股价将会看涨，并趁股票在低价时买进，待股票上涨至某一价位时再卖出，以获取差额收益。相应地，人们也通常把股价长期保持上涨势头的股票市场称为多头市场，或"牛市"。在多头市场下，股价变化的主要特征是一连串的大涨小跌。

一般来说，多头代表了一种实际操盘方向，并非指特定的人群，更多是指多方力量大于空方力量，因此，多头指标只能对投资者起到一定的参考意义，并不能作为投资的决定因素。再者，多空的走势需要通过一定的时间才能转换，一般会落后于股票的实际走势。

多头市场基本的投资策略是持股。通常情况下，如果没有确认市场已脱离多头状态，投资者就不宜抛出股票，而且股价的每一次回落也都是宝贵的买入机会。在操作多头市场时，面临股价的上涨，投资者在抛售股票时要选对时机，争取尽可能多的获利。有些投资者在多头市场中，见到股价上涨就立即抛售股票，却忽略了在一次真正的多头强势中，股价升了可以再升，甚至达到投资者难以想象的程度，这还被形象地称为多头市场下，"见顶不是顶"。如果投资者提前抛售，可能会失去一部分应得的利润。

投资者在判断多头市场时，可以通过一系列指标来判断，具体如下：

（1）在不利于股市的消息频传时，股价却跌不下去，可以考虑作为一个多头买进时机。

（2）股价不断地以大幅上扬，小幅回档，再大幅上扬的方式，呈波段式地推高。

（3）新开户的人数不断增加，资金源源不断地涌入。

（4）移动平均线均呈多头排列，日、周、月、季线呈平行向上排列。

（5）整个经济形势明显好转，政府公布的利好消息频传；同时，本地股市和周边股市同步不断上扬，区域间经济呈活跃趋势。

下图便呈现了一个典型的多头市场（牛市）的状况：

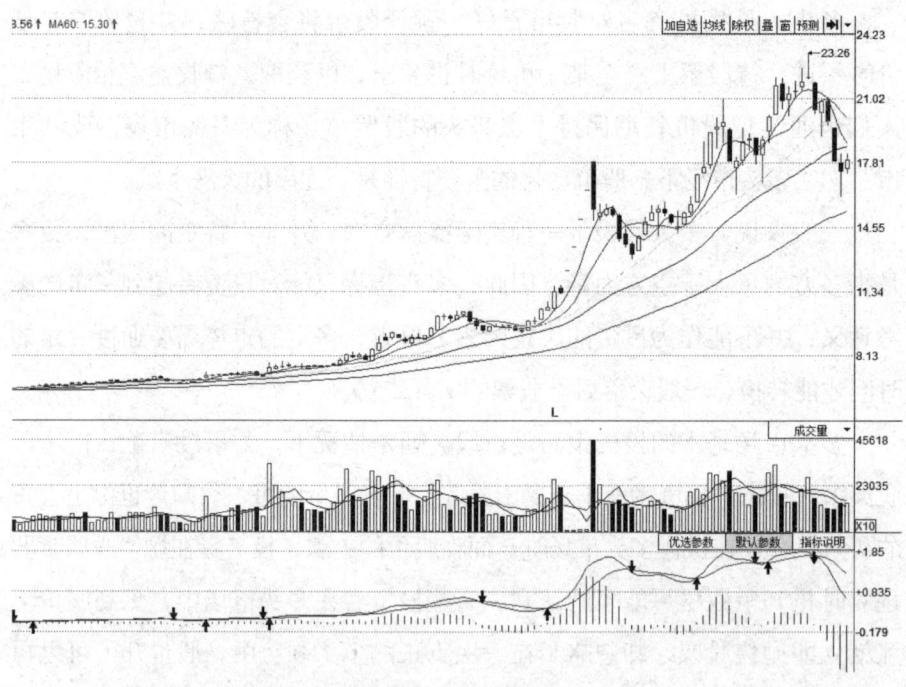

多头市场（牛市）示意图

在多头市场下，投资者的操作策略可以参考下述3个方面：

（1）持股。可以说，持股是多头市场基本的投资策略。关于这一点，我们已在前面有所论述，因此不再赘述。

（2）选股。在强势运行的整个过程中，选股是一个至关重要的操作环节。一般来说，强势的起始阶段，应当是优质股率先上升，如果优质股表现不佳，具有投机题材的低价小股轮番跳升，则意味着当前的行情很有可能是一段投机性升势。在这种情况下，投资者应当随时做好出货离场的准备，当然，有些多头行情也可能由投机题材引发，但须密切观察，如果成交量过多地分布在投机股上，即便是升势也难以持久。因此，投资者在操作中需要注意这些重要的行情迹象，不可被一时看似"繁荣"的市场表象冲昏头脑。

（3）抛股套现。在多头市场下，当股价不断升高，成交量不断增加的走势持续了一段时间之后，投资者需要随时关注升势到顶的一些预兆，如日线图上走出典型的反转形态如"M"头等，意味着可能升势到顶，就要把握时机果断抛股套现，实现盈利的最大化。

接下来我们再看空头及空头市场的概念。所谓空头，是指当前股价虽然相对较高，但是投资者对股市前景不看好，预计股价将会下跌，于是趁相对高价时卖出股票，待股票下降至某一价位时再买入，以获取差额收益。相应地，人们通常把股价长期呈下跌趋势的股票市场称为空头市场，或"熊市"；与多头市场形成鲜明对比的是，在空头市场下，股价变化的特征是一连串的大跌小涨。

应该说，股价变化是由多头和空头的力量对比决定的。多头会预测价格上涨，从而做出购买决策；空头由于预测价格将下跌，将会抛售手中的股票。当多头和空头在股票价格上达成一致时，就会达成交易。

空头市场呈现出的特征有：

（1）市场不利消息不断传出时，股票行情呈兵败如山倒之势，纷纷跌停挂出。

（2）宏观经济指标呈明显下降趋势，周边市场纷纷下跌，政府对资本市场采用紧缩政策，物价上涨迅速。

（3）人气涣散，追高意愿不强。反映在盘面上，会发现趋势线的结果整体呈下降趋势。

下图典型地呈现出了空头市场（熊市）的状况：

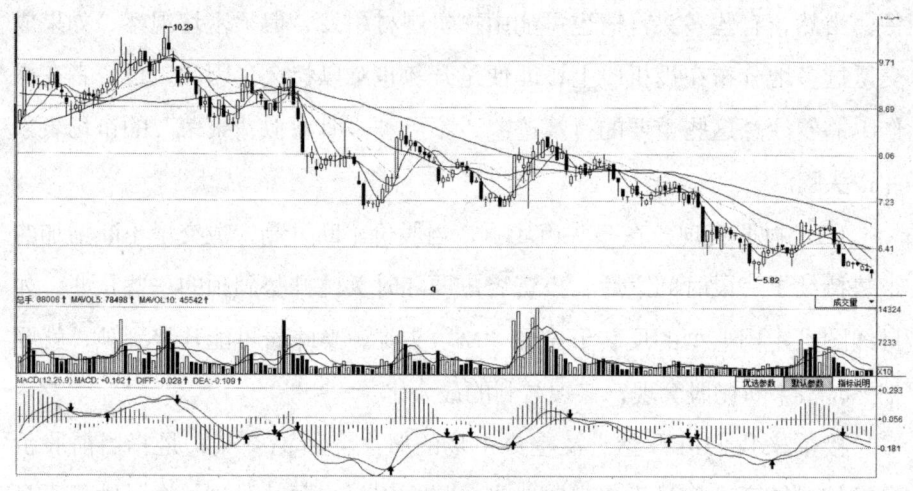

空头市场（熊市）示意图

一般来说，空头市场的操作原则是：不追涨，不抄底，不幻想，不抱侥幸心理。在操作策略上，要对空头市场进行分阶段研究。空头市场的初期阶段往往出现在市场投资气氛最高涨的情况下，这时的市场绝对乐观，投资者对后市变化完全没有戒心。市场上充斥着各种利好消息，公司的业绩和盈利达到不正常的高峰，不少企业在这段时期加速扩张，因而关于企业收购合并的消息也频传。正当绝大多数投资者疯狂沉迷于股市的升势时，少数明智的投资者和个别投资大户已开始将资金逐步撤离或处于观望。因此，市场交易虽然十分炽热，但已有逐渐降温的迹象，这时，如果股价进一步攀升，成交量却不能同步跟上的话，大跌就可能出现。在这个时期，当股价下跌时，很多投资者仍然认为这种下跌只是上升过程中的回调,其实,这正在成为股市大跌的开始。

接下来,股票市场一有风吹草动,如传来不利于股市的信息,就会触发"恐慌性抛售"。在经过一轮疯狂的抛售和股价急跌以后,投资者会觉得跌势有点过猛,因为上市公司以及经济环境的现状尚未达到如此悲观的地步。于是,市场会出现一次较大的回升和反弹。这个反弹可能维持几个星期或者几个月,回升或反弹的幅度一般为整个市场总跌幅的1/3至1/2。在经历反弹以后,经济形势和上市公司的前景趋于恶化,公司业绩下降,财务困难。各种真假难辨的利空消息又接踵而至,对投资者的信心造成进一步的打击。这时,整个股票市场弥漫着悲观气氛,股价继反弹后又较大幅度下跌。

然后,股价虽然持续下跌,但跌势没有加剧,这是因为那些质量较差的股票已经在前期大跌并基本见底,再者,股市长期大跌造成市场信心崩溃,下跌的股票随之集中在业绩一向良好的蓝筹股和优质股上。在这个阶段,一些有远见和理智的投资者会认为这是最佳的吸纳机会,这时购入低价优质股,待大市回升后便可获得丰厚回报。

一般来说,空头市场(熊市)经历的时间要比多头市场(牛市)短,大约只占牛市的1/3至1/2。不过,每个熊市的具体时间都不尽相同,因市场和经济环境的差异会有较大的区别。比如,从1993年到2009年这段时间,中国上海、深圳证券交易所经历了股价的大幅涨跌变化,就是一次完整的由牛市转熊市,再由熊市转牛市的周期性过程。

5. 量比、委比与换手率

量比是一个衡量相对成交量的指标,它是股市开市后平均每分钟的成交量与过去5个交易日平均每分钟成交量之比。量比的计算公式为:

量比=[现成交总手数/现累计开市时间(分)]/过去5日平均每分钟成交量

量比的优点在于，在观察成交量方面，量比是一个卓有成效的分析工具，它将某只股票在某个时点上的成交量与一段时间的成交量平均值进行比较，排除了因股本不同造成的不可比情况，因而是发现成交量异动的重要指标。在时间参数上，一般较多地使用10日平均量，有时也使用5日平均值。在大盘处于活跃的情况下，适宜用较短期的时间参数，而在大盘处于熊市或缩量调整阶段，则宜用稍长的时间参数。

当然，量比也有自己的缺点，那就是参考的数值比较单一。投资者在使用量比指标时，如果把当日每分钟的量比数值放在同一坐标系内并连线，就可以形成更加直观、便于操作的量比曲线，从而在一定程度上克服量比数值单一的不足。

通常情况下，由于"量"是"价"的先导，因此，我们可以根据量比曲线的变化，来分析个股买卖力量的对比，进而研判该股当日的运行趋势。比如，在反映主力行为的量比指标中，量比的数值越大，表明该股当日流入的资金越多，市场活跃度越高；反之，量比值越小，说明资金的流入就越少，市场活跃度越低。我们可以从量比曲线上看出主流资金的市场行为，如主力的突发性建仓，建完仓后的洗盘，洗盘结束后的拉升等。

一般来说，量比为0.8～1.5倍，说明成交量处于正常水平；量比在1.5～2.5倍，则为温和放量，如果股价也处于温和缓升状态，则升势相对健康，可继续持股，若股价下跌，则可以认定跌势难以在短期内结束，从量的方面判断，应可以考虑停损退出；量比在2.5～5倍，则为明显放量，若股价相应地突破重要支撑或阻力位置，则突破有效的概率颇高，可以相应地采取行动；量比达5～10倍，则为剧烈放量，如果是在个股处于长期低位出现剧烈放量突破，涨势的后续空间会比较大，如果在个股已有巨大涨幅的情况下出现如此剧烈的放量，投资者需引起警惕；量比达到10倍以上的股票，一般可以考虑反向操作，在涨势中出现这种情形，说明见顶的可能性压倒一切，即使不是彻底反转，至少涨势会休整相当长一段时间，在股票处于绵绵阴跌的后期，突然出现的巨大量比，说明该股在目前位置彻底释放了下跌动能；量比达到20倍以上的情形，是极端放量的一种表现，这种情况的反转意义特别强烈，如果在连续的上涨之后，成交量极端放大，但股价出现"滞涨"现象，则是涨势行将终结的强烈信号，当某只股票在跌势中出现极端放量时，则是建仓的大好时机。

另外，量比在0.5倍以下的缩量情形也要引起关注。其实，严重缩量不仅显示了交易不活跃的表象，还隐藏着一定的市场机会。缩量创新高的股票多数是长庄股，缩量能创出新高，说明庄家控盘程度相当高。缩量调整的股票，特别是放量突破某个重要阻力位之后缩量回调的个股，投资者适宜考虑买入。

投资者在观察量比指标线时，可参考下述几种做法：

（1）量比指标线趋势向下时不建议买入，不管股价是创新高还是回落，短线操作须回避量比指标向下的。

（2）在短线操作时，如果股价首次放量上涨，要求量比指标不可超过5，值太大对后期股价上涨无益；如果股价连续放量上涨，要求量比值不可大于3，否则有庄家出货的可能。

（3）量比指标双线向上时应积极操作，股价上涨创新高，同时量比指标也同步上涨并创新高，这说明股价上涨受到了量能放大的支撑，应当积极买入或持股。

（4）如果股价下跌、量比指标上升，投资者此时应尽快离场，因为这时股价的下跌很可能是受到放量下跌的影响，会对股价造成持续不利的影响。

（5）一般情况下，股价涨停后，量比指标应快速向下拐头，如果股价涨停，量比指标的趋势仍然向上，可能有主力借涨停出货，散户投资者应当回避。

（6）量比指标线趋势向上时，投资者不建议卖出，直到量比指标线转头向下时，投资者可以考虑卖出。

（7）通常情况下，量比指标相对成交量的变化来说，会有明显的滞后性，所以，投资者在看量比指标时，不应忽视对成交量的关注。

我们接下来看委比的概念。委比是金融或证券操作中衡量某一时段买卖盘相对强度的指标，委比的取值自-100%到+100%，+100%表示全部的委托均是买盘，涨停的股票的委比一般是+100%，而跌停是-100%。可见，委比值从-100%到+100%的变化是卖盘逐渐减弱、买盘逐渐强劲的一个过程。如果委比为0，意思是买入（托单）和卖出（压单）的数量相等，在比值为10的情况下，委买和委卖相等，可以表示为"委买∶委卖=5∶5"。

委比的计算公式为：

委比=（委买手数-委卖手数）/（委买手数+委卖手数）×100%

委买手数：所有个股委托买入的五档的总数量

委卖手数：所有个股委托卖出的五档的总数量

通过"委比"指标，有助于投资者及时了解场内的即时买卖盘强弱情况，从而为投资者做出看盘决策提供参考。

换手率也称"周转率"，指在一定时间内，市场中的股票转手买卖的频率，是反映股票流通性强弱的一个指标。换手率的计算公式为：

换手率=（某一段时期内的成交量/发行总股数）×100%

举例来说，某只股票在一个月内成交了2000万股，该股票的总股本为1亿股，则该股票在这个月的换手率为20%。关于换手率，投资者应该了解换手率背后隐含的信息，具体如下：

（1）换手率高，一般意味着股票流通性好，进出市场比较容易，不会出现想买买不到、想卖卖不出的现象，具有较强的变现能力；如果股票的换手率较低，则表明关注该只股票的人较少，属于冷门股。另外，投资者还要注意的是，换手率较高的股票，往往是短线资金追逐的对象，投机性较强，股价起伏较大，风险也相对较大。

（2）底部放量的股票，其换手率高，表明新资金介入的迹象较为明显，未来的上涨空间相对较大，越是底部换手充分，上行中的抛压就越轻。此外，强势股一般代表了市场的热点，投资者有必要对其加以重点关注。其中，强势股是指在股市中稳健上涨的股票，它可以是一波行情的龙头股，也可以是热点板块中的代表性股票。

（3）将换手率与股价走势相结合，投资者可以对未来股价做出一定的预测和判断。某只股票的换手率突然上升，成交量放大，可能意味着有投资者在大量买进，股价可能会随之上扬；如果某只股票持续上涨了一个时期后，换手率又迅速上升，则可能意味着一些获利者要套现，股价可能会随之下跌。

我们在了解了上述量比、委比和换手率等一系列概念后，接下来了解股市中常见的崩盘、护盘与洗盘等概念。

6. 崩盘、护盘和洗盘

提起"崩盘"，可谓一个日常生活中出现频率较高的词汇。比如，我们有时看到的某市场"崩盘"等。其实，"崩盘"是一个股市术语，当现有的股民全部被套，没有新股民入场，被套的股民仅割肉卖股票，而不肯买股票时，就会造成恶性循环，持续下跌，最终造成股市关门，即出现"崩盘"。

引发股市崩盘的直接原因有很多，但起码应具备下述条件之一：

（1）低成本直接融资导致"非效率"金融以及"非效率"的经济发展，极大地催生泡沫，导致股价被严重高估。

（2）政治、军事、自然灾害等危机使证券市场的信心受到严重打击，证券市场出现心理恐慌而无法继续正常运转。

（3）国家的宏观经济基本面出现了严重的恶化状况，上市公司在经营方面发生困难。

（4）股票市场本身的上市和交易制度存在严重缺陷，造成投机盛行，股票市场丧失投资价值和资源配置功能。

在对崩盘的具体认定上，各国会有些区别。我们以美国纽约的华尔街股市为例，华尔街通常将崩盘定义为单日或数日累计跌幅超过20%，比如，1987年崩盘时，美国的道琼斯指数[①]单日暴跌22.6%。

在美国历史上，1929年的股市大崩盘可谓影响深远，并造成美国社会的股市大恐慌。那是在1929年10月24日，星期四，1929年股市大崩盘的第一天，当天换手的股票达到128.946万股，而且其中的许多股票售价之低，足以导致其持有人的希望和美梦破灭。在股市大崩盘开始的1个小时内，就有11个知名的投机者自杀身亡。

实际上，在大崩盘中破产的，除了大众阶层的投机者与投资者，即便一些睿智的经济学家也难逃噩运。比如，20世纪著名的经济学家凯恩斯[②]，也在1929年股市大崩盘中濒临破产。

从1929年9月到1933年1月间，道琼斯指数中30种工业股票的价格从平均每股364.9美元跌落到62.7美元，20种公用事业股票的平均价格从141.9美元跌到28美元，20种铁路股票的平均价格则从180美元跌到了28.1美元。

受股市影响，金融动荡也因泡沫的破灭而出现。美国几千家银行倒闭、数以万计的企业关门，1929～1933年的短短4年间就出现了4次银行恐慌。在美国经济泡沫崩溃的过程中，尽管直接受到损失的人数有限，但银行无法避免大量坏账的出现，银行系统的问题又对所有人造成间接冲击。

[①] 道琼斯指数，全称为"股票价格平均指数"，是世界上历史最为悠久的股票指数。
[②] 凯恩斯，1883～1946年，生于英国剑桥，现代经济学最有影响的经济学家之一，他创立的宏观经济学与弗洛伊德所创的精神分析法和爱因斯坦的相对论一起并称为20世纪人类知识界的三大革命。

大崩盘之后,美国随即发生了经济大萧条,并持续了10年之久。美国从1929年9月繁荣的顶峰到1932年夏天大萧条的谷底,道琼斯工业指数从381点跌至36点,缩水90%,到1933年底,美国的国民生产总值几乎还达不到1929年的1/3。更严重的是,股市崩盘沉重地打击了投资者的信心,一直到1954年,美国股市才恢复到1929年股市大崩盘以前的水平。

我们接下来了解护盘的概念。护盘是对盘口的保护,护盘行为一般是主力的作为,由于主力的筹码较多,股价下跌后会面临较大的损失,为了减少下跌的幅度,便于行情好转时快速拉升股价,主力会在股票价格下跌时,拿出部分资金来维持股价,主要手段是在卖盘强大时适当买入股票。

一般来说,护盘成功的条件有两个:一是市场抛盘还不大,二是大盘不再大幅度下跌。既然护盘存在成功的可能,那么作为散户投资者,可以适当考虑将当前的价位作为建仓的时机,顺便也可以帮主力一把,其结果,随着主力守住股价、护盘成功,散户投资者也可以从中获取一定盈利。

洗盘是指庄家为达到炒作目的,在股市低价买进,使得意志不够坚定的散户投资者抛出股票,以减轻上档压力,同时让持股者的平均价位升高,从而使庄家施行做庄的手段,达到获利的目的。

庄家洗盘的手法一般包括下述三种:

(1)打压洗盘。这种洗盘方法多适用于流通盘较小的个股。由于购买该类个股的散户投资者和小资金持有者,绝大多数是抱着投机的心理入市,所以这类个股的稳定性要差一些。作为控盘主力,往往利用散户对个股运作方向的不确定性,控盘打压股价,促进和激化股价快速下跌,充分营造市场环境背景转换所形成的空头氛围,强化散户投资者和小资金持有者的悲观情绪,促进其持有筹码的不稳定性,同时也激发持筹者在实际操作过程中的卖出冲动,无法抑制自己正常的投资心理,使这种悲观的情绪达到了白热化状态。主力通过控盘快速打压,采用心理诱导的战术,促进市场筹码快速转化,从而达到洗盘的目的。

（2）横盘整理。此类洗盘方法适用于大盘绩优类个股。由于这类个股被很多投资者关注，作为主力，不宜采用打压的形式洗盘。因为这类个股业绩优良，发展前景看好，散户投资者和小资金持有者的心态也较稳定。如果主力仍采用打压洗盘，散户投资者和小资金持有者不但不会抛售原有的筹码，反而会采用逢低买进的方法摊平和降低持仓成本。因此，主力采用横盘整理手法时，主要侧重于通过长期的沉闷走势（一般要耗时3~6个月，甚至更长时间）来打击和消磨散户投资者和小资金持有者的投资热情，考验其信心与毅力。这种情况下，有些散户投资者和小资金持有者会纷纷采取换股操作，选择追涨杀跌的操作方法。对于庄家而言，一旦股价突破平台快速上扬，则会快速杀回，追涨买进，从而达到其令散户投资者和小资金持有者买高卖低，提高投资成本的目的。

（3）震仓。这是庄家为了清洗浮筹以减轻日后拉升时的抛压和降低拉升成本，而进行的洗盘动作。震仓的特点是：股价被突然打压，呈现股价疲软的表现，从而将不坚定者震出，庄家借机吸进廉价筹码，此后又突然止跌，或者不会跌破某个支撑位。

当前，很多投资者进入股市的时候，在不同程度地扮演着散户投资者的角色。因此，有效地识别主力和庄家，有助于投资者更深刻地理解大盘与个股行情，并做出有利的判断。

7. 其他常用术语

股市中存在大量的术语，除了上述术语以外，还有其他一系列常用术语。对于投资者来说，看盘前深刻理解与熟练掌握这些术语，会对看盘起到积极的作用。接下来，我们再列举若干常用的股市术语：

（1）操盘手。所谓"操盘手"，主要指为别人炒股的人。通常情况下，操盘手主要为大户（投资机构）服务，他们对盘面把握得较好，能够根据客户的要求掌握开仓平仓的时机，熟练把握建立和抛出筹码的技巧，从而利用资金优势在一定程度上控制盘面的发展。优秀的操盘手一般能发现盘面上每个细微的变化，从而减少风险的发生。

一般来说，操盘手的日常工作包括：建仓、吸筹、拔高、回档、出货、清仓等。其中，建仓指买进股票等证券；吸筹指在股市中，庄家或主力、大户介入某一个股，在一段时间内不断买入的行为；拔高指股市和期货市场的庄家通过下大买单拉升股票或者期货的价格；回档指股价上升过程中，因上涨过速而暂时回跌的现象；出货指在高价时，不动声色地卖出，与吃货（又称吸货，指在低价时不动声色地买进股票）相反；清仓指将自己已经买进和持有的股票全部卖出。

（2）MA指标。MA，英文全称是Moving Average，译作"移动平均线"。移动平均线（MA）具有趋势的特性，比较平稳；越长期的移动平均线，越能表现稳定的特性。究其本质来说，移动平均线是一种趋势追踪工具，便于识别趋势已经终结或者反转，新的趋势是否正在形成。

通常情况下，移动平均线（MA）存在一定的滞后效应，经常是在股价刚开始回落时，移动平均线（MA）却还是向上的，等股价跌落显著时，移动平均线（MA）才会走下坡。为了弥补该缺陷，投资者可以设置多条计算不同天数的移动平均线（MA），从不同周期了解股价的总体运行趋势。

（3）VR指标。VR，英文全称是Volume Ratio，译作"成交量比率"，是一项通过分析股价上升日成交额（或成交量）与股价下降日成交额比值，从而掌握市场买卖趋势的中期技术指标。VR指标主要用于进行个股分析，其理论基础是"量价同步"及"量须先于价"，以成交量的变化确认低价和高价，从而确定买卖时点。

VR指标的计算步骤与公式是：

①24天以来，凡是股价上涨那一天的成交量都称为AV，将24天内的AV总和相加后称为AVS；

②24天以来，凡是股价下跌那一天的成交量都称为BV，将24天内的BV总和相加后称为BVS；

③24天以来，凡是股价不涨不跌，则那一天的成交量都称为CV，将24天内的CV总和相加后称为CVS；

④在第24天时，开始计算：

$$VR = [AVS + (1/2) \times CVS] / [BVS + (1/2) \times CVS]$$

需要注意的是，参数24天可以修改，但是周期不宜小于12天，采样天数不足的话，容易造成偏差。

（4）KDJ指标。KDJ指标又叫随机指标，是以最高价、最低价及收盘价为基本数据进行计算，得出的K值、D值和J值分别在指标的坐标上形成一个点，然后连接无数个这样的点位，就形成一个完整的、能反映价格波动趋势的KDJ指标。

该指标主要是利用价格波动的真实波幅来反映价格走势的强弱和超买超卖现象，在价格尚未上升或下降之前发出买卖信号的一种技术工具。它在设计过程中主要研究最高价、最低价和收盘价之间的关系，同时也融合了动量观念、强弱指标和移动平均线的一些优点，因此，KDJ指标能够比较迅速、快捷、直观地研判行情。由于KDJ线本质上是一个随机波动的观念，故其对于掌握中短期行情走势比较准确。

（5）T+0。"T+0"是一种证券（或期货）交易制度；其中，T是英文Trade的首字母，是交易的意思。凡在证券（或期货）成交当天办理好证券（或期货）和价款清算交割手续的交易制度，就称为T+0交易。通俗来说，也就是当天买入的证券（或期货）在当天就可以卖出。

"T+0"交易制度能够减少投资人的持仓风险、增强股票的流动性；"T+0"的缺点在于不能有效控制交易频率，过高的换手率会导致过度投机和市场的虚假繁荣，买空、卖空也难以控制，因此风险较大。

中国为了保证证券市场的稳定，当前在上海证券交易所和深圳证券交易所对股票和基金交易实行"T+1"的交易方式，当日买进的股票或基金，要到下一个交易日才能卖出，同时，对交易资金仍然实行"T+0"，即当日回笼的资金可以立即使用。另外，上海期货交易所对钢材期货交易实行的是"T+0"交易方式。

总体来说，目前，中国股票市场实行"T+1"的清算制度，而期货市场实行"T+0"。

（6）低价区与高价区。所谓"低价区"，是相对于高价区而言的，通常处于多头市场的初期，此时为中短期投资的最佳买点；"高价区"则通常处于多头市场的末期，此时为中短期投资的最佳卖点。高、低价区如下图所示：

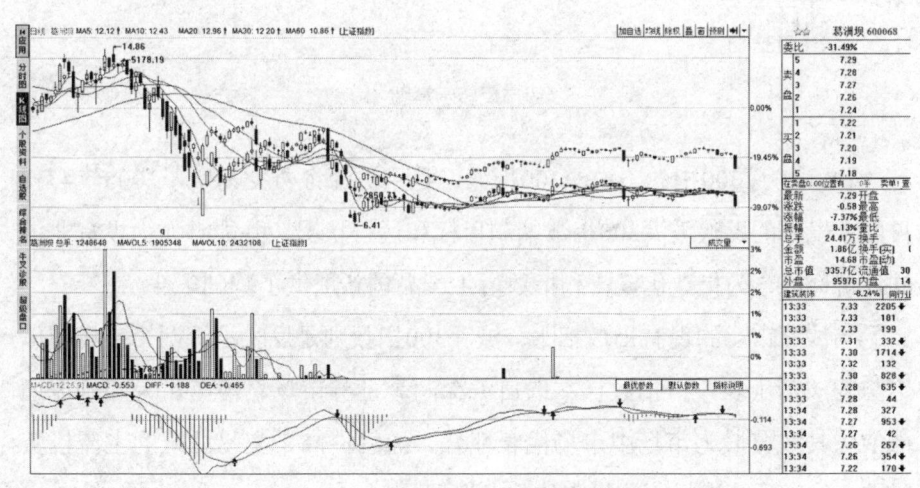

高、低价区示意图

（7）跌破与反转。跌破指股价冲过关卡向下突破的现象，其中，关卡是指投资者习惯上的心理价位。

反转指股价朝原来趋势的相反方向移动，分为向上反转和向下反转，比如，股价由多头行情转为空头行情，或由空头行情转为多头行情。从大势上来讲，就是由牛市转变为熊市，或是由熊市转变为牛市。从个股上来讲，便是从下跌趋势转为上升趋势，投资者应积极参与，股票的形态看好；从上升趋势转为下跌趋势，投资者应尽快出局或远离该股票。股市反转示意图如下：

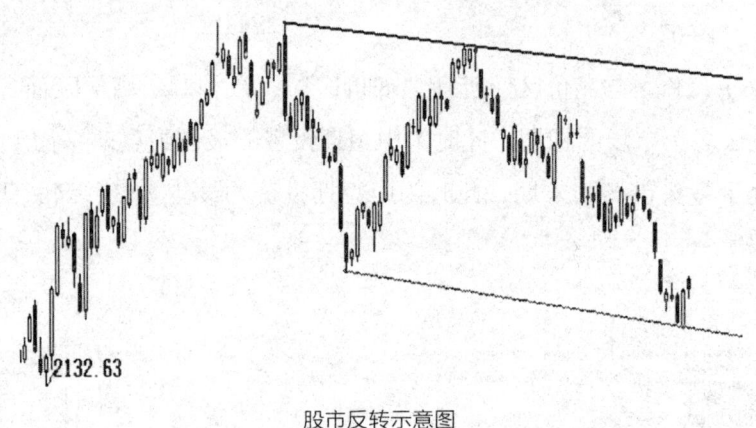

股市反转示意图

（8）沪深300指数。沪深300指数，是由沪深证券交易所于2005年4月8日联合发布的反映沪深300指数编制目标和运行状况，并能够作为投资业绩的评价标准，为指数化投资和指数衍生产品创新提供了基础条件。

与沪深市场的现有指数相比，沪深300指数则是反映沪深两个市场整体走势的"晴雨表"，指数样本选自沪深两个证券市场，覆盖了大部分流通市值。其成分股为市场中市场代表性好，流动性高，交易活跃的主流投资股票，能够反映市场主流投资的收益情况。

（9）老鼠仓。老鼠仓的英文名称是Rat Trading，指主力或庄家在用公有资金拉升股价前，提前将相关消息通知给个人（如机构负责人、操盘手等），然后先用个人的资金在低位建仓，如在较低的价格或跌停板处填买单，待用公有资金将股价拉升到高位后，个人所购股票率先卖出获利。

一般情况下，主力或庄家建老鼠仓的核心动机是利益驱动，这会严重破坏金融管理秩序，损害公众投资者利益。为此，多个国家对老鼠仓行为予以禁止和刑法处罚。当前，中国在立法层面对老鼠仓的刑事责任的认定及处罚这一问题进行着积极的研究。

（10）配股。所谓"配股"，指上市公司向原股东发行新股、筹集资金的行为。按照惯例，公司在配股时，新股的认购权按照原有股权比例在原股东之间分配，即原股东拥有优先认购权。若原股东选择参与配股，则必须在上市公司发布的配股公告中的配股缴款期内参加配股，若过期不操作，即为放弃配股权利，以后不能再补缴配股款参与配股。一般的配股缴款起止日为5个交易日，具体以上市公司的公告为准。

（11）黑马股。黑马起初并不是股市中的术语，而是指在赛马场上本来不被看好的马匹，却能在比赛中出乎意料地成为获胜者。相应地，在股市中，投资者本来不看好，却能够异军突起的个股，往往称为黑马股。可见，投资者选择黑马股的技巧，不是选择人人都知道的强势股，而是要透过现象看本质，从大多数人都不看好的个股中选出来那些潜在的强势股。

（12）三板市场。"三板市场"是相对于"主板市场""二板市场"而言的。其中，主板市场也称为一板市场，指传统意义上的证券市场（通常指股票市场），是一个国家或地区证券发行、上市及交易的主要场所，中国的主板市场是上交所和深交所；二板市场也称创业板市场，指专门协助高成长的新兴创新公司、特别是高科技公司筹资并进行资本运作的市场。

三板市场的全称是"代办股份转让系统"（也称"老三板"），于2001年7月16日正式开办，起初是为退市后的上市公司股份提供继续流通的场所等；2006年，中关村科技园区非上市股份公司进入"代办转让系统"进行股份报价转让，称为"新三板"；2012年，经国务院批准，决定扩大非上市股份公司股份转让试点，首批扩大试点新增上海张江高新技术产业开发区、武汉东湖新技术产业开发区和天津滨海高新区；2013年底，新三板方案突破试点为国家高新区的限制,扩容至所有符合新三板条件的企业。

随着新三板市场的逐步完善,我国将逐步形成由主板、创业板、场外柜台交易网络和产权市场在内的多层次资本市场体系。新三板与老三板最大的不同是配对成交,设置30%的幅度,超过此幅度要公开买卖双方的信息。

(13) PE。PE,全称为Private Equity,译作"私募股权投资",指通过私募形式对私有企业,即非上市企业进行的权益性投资,在交易过程中附带考虑将来的退出机制,通过上市、并购或管理层回购等方式,出售持股来获利。

在结构设计上,PE一般涉及两层实体,一层是作为管理人的基金管理公司,另一层则是基金本身。通常情况下,有限合伙制是国际上最为常见的PE组织形式。一般情况下,基金投资者作为有限合伙人不参与管理,承担有限责任;基金管理公司作为普通合伙人投入少量资金,掌握着管理和投资等各项决策,承担无限责任。

(14) OTC。OTC,全称为Over The Counter,译作"柜台交易市场"或"场外交易市场",这是世界上最古老的证券交易场所。源自于当初银行兼营股票买卖业务,由于采取在银行柜台上向客户出售股票的做法,因此被称为"柜台交易市场";又因为这种交易不在交易所里进行,所以也叫作"场外交易市场"。

OTC没有固定的场所,没有规定的成员资格,没有严格可控的规则制度,没有规定的交易产品和限制,主要是通过私下协商进行的一对一的交易。当前,世界上最大的OTC在新加坡,除提供各类外汇、指数和期货交易外,还有摩根士丹利[①]的中国台湾、中国香港等参考指数以供投资。

目前,我国的场外交易市场主要由代办股权转让系统(包括"老三板"和"新三板")、各地产权交易市场,以及天津股权交易所等构成。

---

① 摩根士丹利,成立于1935年,总部位于美国纽约,世界著名的国际金融服务公司,提供包括证券、资产管理、企业合并重组和信用卡等多种金融服务。

（15）纳斯达克。纳斯达克的英文名称是NASDAQ（National Association of Securities Dealers Automated Quotations），译作"全国证券交易商协会自动报价表"，这是美国的一个电子证券交易机构，由纳斯达克股票市场公司拥有与操作。纳斯达克创立于1971年，总部位于美国纽约，是美国首家电子化的股票市场，其特点是收集和发布场外交易非上市股票的证券商报价，它现已成为全球第二大证券交易市场（仅次于纽约证券交易所），每天在美国市场上换手的股票中有超过半数的交易在纳斯达克上进行。

活学活用五张图

投资者在股市中接触最多的，看盘时也是最重要的，主要有五张图，分别是分时走势图、K线图、成交量图、均线图和筹码分布图。可以说，能够熟练地掌握这五张图，是投资者看盘时的一项基础与必备工作。

1. 分时走势图

分时走势图也叫即时走势图，它是把股票市场的交易信息实时地用曲线在坐标图上加以显示的技术图形。走势图坐标的横轴是开市的时间，纵轴的上半部分是股价或指数，下半部分显示的是成交量。分时走势图是股市现场交易的即时资料，其在实战研判中的地位极其重要，是即时把握多空力量转化及市场变化的直接根本。

具体来说，分时走势图分为指数分时走势图和个股分时走势图。指数分时图是宏观的所有的即时股价加权平均图，个股分时图只是单一股票的现价即时图；分时图里一般没有红绿柱状线但是可以设置，个股分时图里的黄线是当天交易匀价线；下页图为深证成指（深圳证券交易所的主要股指）分时走势图：

如图所示，加权的深证成指是其通常意义下对外公布的大盘指数，未加权的深证成指是不考虑上市股票发行数量的多少，将所有股票对深证成指数的影响等同对待的大盘指数。参考两者在相对位置上的关系，可以获得以下信息：

当指数上涨，未加权的指数曲线在加权的指数曲线走势之上时，表示发行数量少的股票涨幅较大；当未加权的指数曲线在加权的指数曲线走势之下时，表示发行数量多的股票涨幅较大。

当指数下跌时，假如未加权的指数曲线仍然在加权的指数曲线之上，这表示小盘股的跌幅小于大盘股的跌幅；假如加权的指数曲线反居未加权的指数曲线之上，则说明小盘股的跌幅大于大盘股的跌幅。

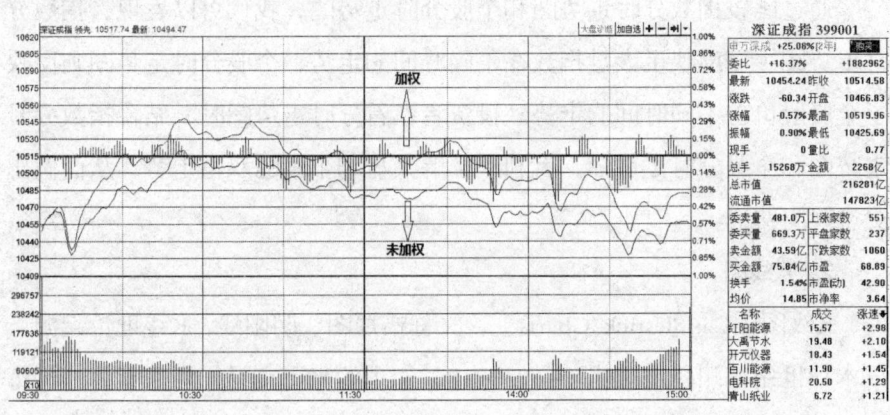

深证成指分时走势图

浅色、深色的柱线反映当前大盘所有股票的买盘与卖盘的数量对比情况。浅色柱增长，表示买盘大于卖盘，指数将逐渐上涨；浅色柱缩短，表示卖盘大于买盘，指数将逐渐下跌。深色柱增长，指数下跌量增加；深色柱缩短，指数下跌量减小。上图中，底部的柱线表示每分钟的成交量，单位为手（每手为100股）。

我们在看个股分时走势图时，相应曲线与柱线的分析方法与指数分时走势图相同。接下来我们看浦发银行（股票代码：600000）个股分时走势图：

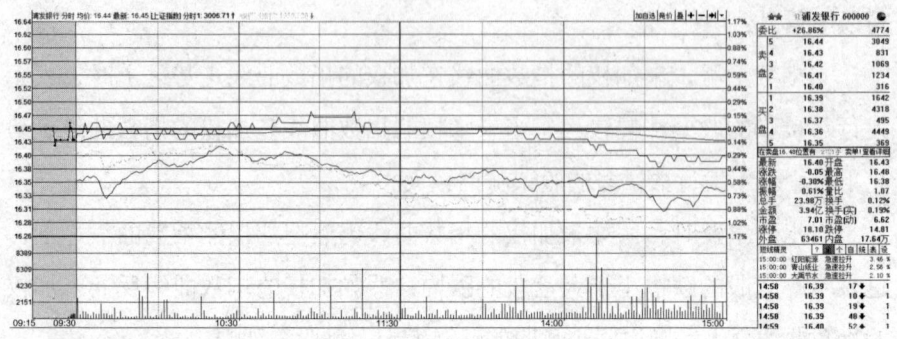

浦发银行个股分时走势图

通过比较指数分时走势图和个股分时走势图，我们可以发现，指数分时走势图主要反映了大盘指数在不同时间的走势，个股分时走势图则反映了个股股价在不同时间的走势。投资者在看分时走势图时，结合指数分时走势图和个股分时走势图，有利于了解大盘和个股的双重走势，从而做出更客观的结论。

2. K线图

K线图（Candlestick Charts），又称蜡烛图、阴阳线，K线理论起源于日本18世纪德川幕府时代（1603～1867年）的米市交易，用来计算米价每天的涨跌，被当时日本米市的商人用来记录米市的行情与价格波动，包括开市价、收市价、最高价及最低价，阳烛代表当日升市，阴烛代表跌市。这种图表分析法在当时的中国乃至整个东南亚地区均尤为流行。由于用这种方法绘制出来的图表形状颇似一根根蜡烛，且这些蜡烛有黑白之分，因而也叫阴阳线图表。

通过K线图，人们能够把每日或某一周期的市况表现完全记录下来，股价经过一段时间的盘档后，在图上即形成一种特殊区域或形态，不同的形态显示出不同意义，可以从这些形态的变化中摸索出一些有规律的东西来。投资者在看盘时，通常要在关注K线图方面投入较大的时间和精力。K线图的构成如下：

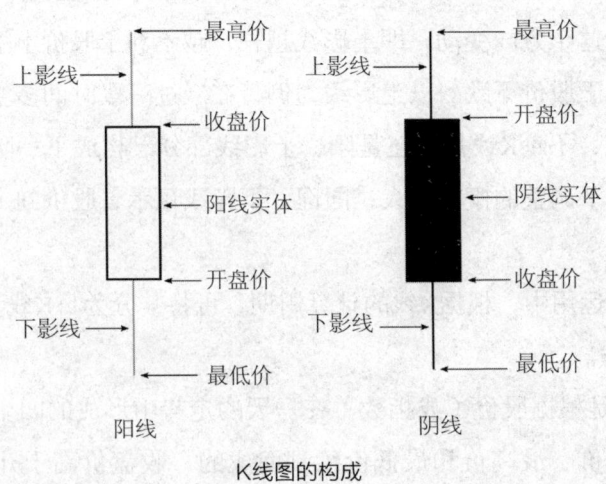

K线图的构成

投资者在实际看盘时，会看到形形色色的K线组合。这些K线组合看似杂乱无章，但实际上有章可循。投资者在分析K线图时可以依据3个方面，具体如下：

（1）看阴阳。阴阳代表趋势方向，阳线表示将继续上涨，阴线表示将继续下跌。以阳线为例，在经过一段时间的多空拼搏，收盘高于开盘，表明多头占据上风，根据牛顿力学定理，在没有外力作用的情况下，价格仍将按原有方向与速度运行，因此阳线预示下一阶段仍将继续上涨，最起码能保证下一阶段初期能惯性上冲。所以，阳线往往预示着继续上涨；同理，阴线意味着继续下跌。

（2）看实体大小。实体大小代表着内在动力，实体越大，上涨或下跌的趋势越是明显，反之趋势则不明显。以阳线为例，其实体就是收盘高于开盘的那部分，阳线实体越大说明了上涨的动力越足，就如质量越大与速度越快的物体，其惯性冲力也越大的物理学原理一样，阳线实体越大代表其内在的上涨动力也越大，其上涨的动力将大于实体小的阳线；同理，阴线实体越大，下跌动力也越足。

（3）看影线长短。影线代表转折信号，向一个方向的影线越长，越不利于股价向这个方向变动，即上影线越长，越不利于股价上涨，下影线越长，越不利于股价下跌。以上影线为例，在经过一段时间多空斗争之后，出现上影线，不论K线是阴还是阳，上影线部分已构成下一阶段的上档阻力，股价向下调整的概率居大；同理，下影线预示着股价向上攻击的概率居大。

在实际运用中，根据K线的计算周期，可将其分为日K线、周K线、月K线、年K线。

日K线是根据股价（或指数）在一天的走势中形成的四个价位，即开盘价、收盘价、最高价和最低价绘制而成的。收盘价高于开盘价时，则开盘价在下、收盘价在上，二者之间的长方柱用红色或空心绘出，称之为阳线；其上影线的最高点为最高价，下影线的最低点为最低价，收盘价低于开盘价时，则开盘价在上、收盘价在下，二者之间的长方柱用黑色或实心绘出，称之为阴线，其上影线的最高点为最高价，下影线的最低点为最低价。

相应地，周K线则是指以周一的开盘价、周五的收盘价、全周最高价和全周最低价来画的K线图，月K线则以一个月的第一个交易日的开盘价，最后一个交易日的收盘价和全月最高价与全月最低价来画的K线图；同理，据此可以推得年K线的定义，即年K线则以一年的第一个交易日的开盘价，最后一个交易日的收盘价和全年最高价与全年最低价来画的K线图。

一般情况下，周K线、月K线常用于研判股市中期行情。对于短线操作者来说，众多分析软件提供的5分钟K线、15分钟K线、30分钟K线和60分钟K线也具有重要的参考价值。

根据开盘价与收盘价的波动范围，我们可以将K线分为极阴、极阳，小阴、小阳、中阴、中阳和大阴、大阳等线型，这些线型如下图所示：

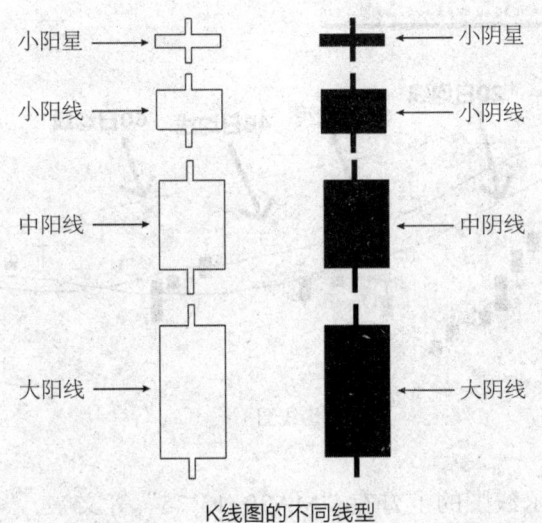

K线图的不同线型

K线图的这些不同线型的波动范围一般是：极阴线和极阳线的波动范围在0.5%左右；小阴线和小阳线的波动范围一般在0.6%~1.5%；中阴线和中阳线的波动范围一般在1.6%~3.5%；大阴线和大阳线的波动范围在3.6%以上。

3. 均线图

均线图是将某个周期内的收盘价加权平均，从而得到一条带有趋势性的轨迹。一般来说，均线是股市分析者常用的技术工具，从技术角度来看，是影响股市分析者心理价位的因素，也是股市分析者良好的参考工具，相对于价格变化而言，均线具有一定的滞后性。

通常情况下，均线图配合K线图来使用，其中，在日K线图中，一般用白线、黄线、紫线、绿线、蓝线分别表示5日、10日、20日、30日、60日移动平均线。当然，这并不是固定的，股市分析者可以根据需要进行设置，比如可以在系统里把它们设为5日、15日、30日、60日均线等。我们来看下面的均线示意图：

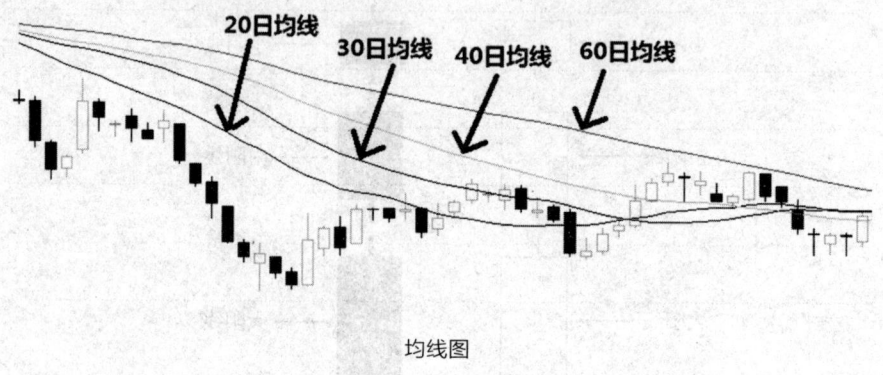

均线图

在上图中，K线图的上方有"MA20：13.75"等文字，"MA20"表示"20日均线"，"MA30"则表示"30日均线"等。移动平均线（MA）是股市中很常见的一种技术分析工具。可以说，移动平均线是用统计的方法将某一时期的平均指数逐日连接而形成的指数移动趋势图，投资者通过观察其运动轨迹来预测指数的未来趋势。从经济意义上来讲，移动平均线可以看作在一段时间内投资者购入股票的平均成本。

在移动平均线中，最具有价值的是拐点和交叉的概念。

拐点是移动平均线从上升转为下降的至高点或由下降转为上升的最低点，用数学语言来描述就是极值点。在股市中，行情的翻转变化都发生在各种移动平均线的拐点中。在短线炒作中，5日、10日移动平均线有着重要的提示作用，30日、60日移动平均线中拐点的出现往往预示一轮中期的上涨或下跌，而120日、240日移动平均线中拐点的出现多是空头市场或多头市场的开始。

在股市的上升行情中，较短期的移动平均线如5日线、10日线从下方向上突破与较长期的移动平均线如30日线、60日线发生的交叉现象称为黄金交叉。黄金交叉是多头强势的表现，它多半预示后市会有相当的上扬空间，因而是买入股票的较好时机。

在股市的下跌行情中，较短期的移动平均线从上方向下突破与较长期的移动平均线发生的交叉现象称为死亡交叉。死亡交叉是空头强势的表现，它多半预示后市会有相当的下跌空间，因而它常被认为是卖出股票的较佳时机。

另外，投资者在看盘时，通过移动平均线反映股票价格的变化，投资者可以利用移动平均线理论来把握股票的买进和卖出时机。接下来我们看移动平均线与买卖时机间的操作技巧：

（1）10日均线由K线图上方穿越K线图，位于K线下方，表明由空转多，是买进时机。

（2）10日均线、30日均线和72日均线均由上而下穿越K线图，表明该股多头的气势极为旺盛，涨势已成定局，是买进时机。

（3）10日均线、30日均线和72日均线位于K线图下方呈平行状，表示为多头市场，后市涨幅极大，是买进时机。

（4）10日均线由K线图下方穿越K线图至K线图上方，表示短线由多转空，是卖出时机。

（5）10日均线、30日均线和72日均线由下而上顺次穿过K线图，一般意味着该股将会有很深的跌幅，应及时卖出股票。

（6）10日、30日与72日平均线位于K线图上方且三线呈平行状，表明空头市场已确立，应卖出所有的股票。

（7）72日、30日均线继10日均线之后，从下而上穿越K线图，右下方移动，跌幅将会很深，应及时卖出股票。

（8）72日均线上升趋势转为平缓或向下方转折时，为卖出时机。

总之，投资者在看盘时，如果能够充分利用均线图，一般有助于正确地判断行情趋势，从而获取可观的利润。同时，投资者也要意识到均线图存在一定的局限性，比如，它是股价定型后产生的图形，因而反应较慢；再者，均线图不能反映股价在当日的变化及成交量的大小。基于此，投资者要积极将均线图同其他技术分析工具（如分时走势图、K线图、成交量图等）结合起来，从而取得更好的效果。

4. 成交量图

成交量图即为成交量走势图。从严格意义上来说，呈柱状走势的成交量图属于K线图的一部分，它位于K线图和均线图下方，显示每根K线对应时间段里的成交量。由于K线周期的不同，相应的成交量图所代表的含义也不同，如果是日K线，成交量图中的每个柱就代表一个交易日的成交量；如果是周K线，每个柱就代表一周的成交量，以此类推。成交量图如下图所示：

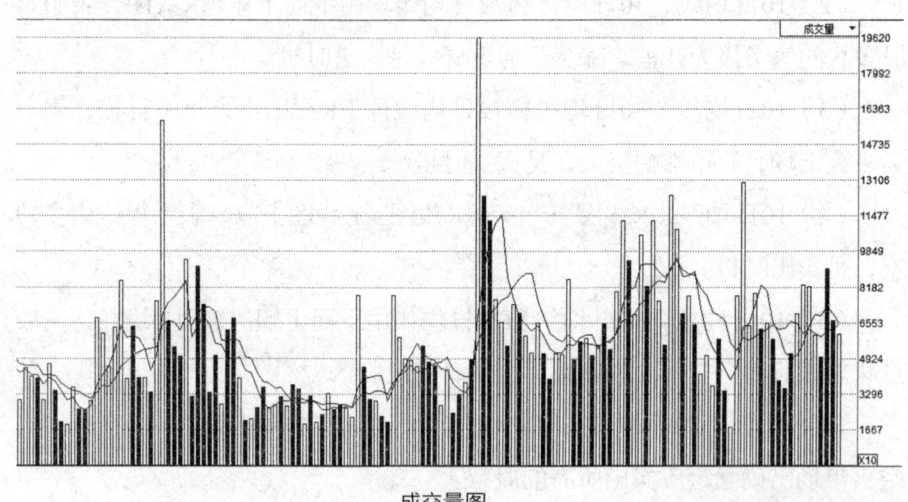

成交量图

在成交量图中，成交量以柱体显示，成交量越大，柱体越高；浅色柱表示当天收阳（收盘价高于开盘价），深色柱表示当天收阴（收盘价低于开盘价）。

在实际操盘中，控盘主力经常利用广大散户对盘面技术分析的欠缺，运用成交量进行做假，以达到诱导广大散户而获利的目的。另外，由于控盘主力操控成交量的成本相对较高，所以我们仍可以将成交量当作反映市场供求和多空力量对比的客观要素之一。同时，单日的成交量会受到很多因素的影响，我们在成交量柱状图的一定周期内，根据成交量图的跳动情况，基本可以看出主力建仓、洗盘等过程，从而有利于洞察主力的意图。

为此，我们来进一步了解成交量变化的几种形态：

（1）成交。当一部分人看空后市，而另外一部分人看多后市，从而造成巨大的分歧时，才会成交。

（2）缩量。当大部分人对后市意见一致时，成交会比较清淡。这要分两种情况，一是大家都看淡后市，造成只有人卖，却没有人买，所以急剧缩量；二是大家都对后市看好，只有人买，却没有人卖，所以又急剧缩量。缩量一般发生在趋势的中期，大家都对后市走势十分认同，下跌缩量，碰到这种情况，应坚决出局，等量缩到一定程度，开始放量上攻时再买入。同样，上涨缩量，碰到这种情况，也应坚决买进，坐等获利，等股价上冲乏力，有巨量放出的时候再卖出。

（3）放量。放量一般发生在市场趋势发生转折、多空分歧逐渐加大时，相对于缩量来说，有很大的虚假成分，控盘主力利用手中的筹码大手笔对敲放出天量。此时，很多心态不好的散户会低价割肉，让主力捞取大量便宜的筹码。

（4）堆量。当控盘主力意欲拉升时，常把成交量做得非常漂亮，几日或几周以来，成交量缓慢放大，股价慢慢推高，成交量在近期的K线图上形成了一个状似土堆的形态，堆得越漂亮，就越可能产生大行情；相反，在高位的堆量则表明主力已不想玩了，在大举出货。

（5）不规则放大缩小量。在无突发利好或大盘基本稳定的前提下，一些实力不强的庄家为了吸引市场关注以便出货，进行突然放量。投资者对此要保持警惕，避免轻易跟进被套。

另外，在成交量图中，还有温和放量与突然放量的概念。

所谓温和放量，是指成交量在持续低迷后，突然出现一个类似"山形"的放量形态，也称作"量堆"。个股出现底部的"量堆"现象，一般就可以证明有实力资金在介入，一般情况下，个股在底部出现温和放量后，股价会随之上升，缩量时股价会适量调整，此时是介入的较佳时机。

所谓突然放量，是指市场在一定的区间波动后，创新高或新低而实现对区间的突破，此时往往伴随成交量的突然放大。主力资金在吸筹的时候，成交量并不一定要有多大；主力要出货的时候，由于手中筹码太多，不得不将短线获利盘强行洗去，这一洗盘行为在K线图上表现为阴阳相间的横盘震荡，同时，由于主力的目的是要使普通散户出局。因此，股价的K线形态往往呈明显的"头部形态"。

最后，关于成交量与股价的关系，很多人误认为"股票成交量越大，价格就越涨"，其实不然，成交量和价格并非成正比关系，但有一定规律可循。接下来我们看成交量变化中的8个阶段的规律：

（1）量增价平，转阳信号。股价经过持续下跌，出现成交量增加，阳柱明显多于阴柱，凸凹量差比较明显，说明底部在积聚上涨动力，有主力在进货，可以适量买进持股待涨。

（2）量增价升，买入信号。成交量持续增加，股价趋势转为上升，是短中线较佳的买入信号。

（3）量平价升，持续买入。成交量保持等量水平，股价持续上升，投资者可在区间适时适量地参与。

（4）量平价跌，继续卖出。成交量停止减少，股价急速滑落，此阶段应及早卖出。

（5）量减价平，警戒信号。成交量显著减少，股价经过长期大幅上涨之后，进行横向整理不再上升，很可能会突然放天量拉出大阴线，此时应果断出局。

（6）量减价跌，卖出信号。成交量继续减少，股价趋势开始转为下降，此为无量阴跌，底部遥遥无期，为卖出信号。

（7）量减价升，继续持有。成交量减少，股价仍在继续上升，适宜继续持股。

（8）量增价跌，适宜关注。股价经过长期大幅下跌之后，出现成交量增加，说明有资金接盘，后期有望形成底部或反弹，即使股价仍在下落，仍适宜关注。

总之，成交量是投资者看盘时的一个重要指标，尽管庄家在吸筹和出货时可能会对成交量作假，但投资者可以充分利用一系列看盘方法与技巧进行识别，从而正确地判断庄家意图，避免被套，并争取赢得获利商机。

5. 筹码分布图

在股市中，筹码是指流通股票的持仓成本分布，而筹码分布图则在K线图窗口的右侧，由紧密排列的水平柱状条构成，每根柱状条与K线图的价格坐标是相互对应的，同时，每根柱状条的长度表现出在这个价位上建仓的持股量占总流通盘的百分比。如果由于近期的交易使某个价格区间的筹码量增加，其他价格区间的筹码量就一定会减少。

筹码分布图一般用紫色和蓝色两种颜色绘制。其中，紫色筹码表示在60个交易日以内投资者新建的仓位，俗称浮筹，当筹码形成集中状态，即在15%的价格区间内集中了该股30%以上的筹码，浮筹将会变成红色；蓝色筹码则表示建仓于60个交易日之前的仓位，也称死筹。另外，有时还会有黄线，又称为包络线，表示60个交易日前的筹码状态。在筹码分布图上还有一根突出的、蓝色的线，表示当日收盘价把筹码分布分成了两部分：蓝色线上方是指持股成本高于当日收盘价的筹码，属于被套牢的状态，简称套牢盘；蓝色线下方是指持股成本低于当日收盘价的筹码，属于正在获利的状态，简称获利盘。

总之，投资者在看盘时，需要关注分时走势图、K线图、均线图、成交量图和筹码分布图的走势，并以此为基础推测大盘和个股走势，判断买卖时机。熟练掌握这5张图的用法，是投资者变股市为"取款机"的基础。

炒股看盘口诀

在长期的看盘实践中,人们总结出了一系列朗朗上口的看盘口诀。这些口诀读来有趣,又经历了大量的实践验证,可以为投资者们提供中肯的参考。

1. 转强换手篇

要想涨,先有量。由跌转涨量先强,3%是标准,盘跌它涨转强量,5%不能追,要等回拉靠线莫心慌!15以上要谨慎,30以上要提防,三日没有新高现,只卖不买没商量!

2. 转强追涨篇

要想涨,先有量。一日长量先看看,二日长量要紧张,三日长量是反转,马上追涨没商量!

先放量,后缩量,放量过顶先别慌,MACD跟得上,你就是那主升浪,横盘整理不用愁。量缩下影八分一,马上买进就会涨!

3. 震荡上行篇

震荡上行不用急,阴阳相间好有趣。

阳量长,阴量短。阴量最小三分一,5日上叉40日,震荡上行开始了;5日下叉40日,还有回头望月时;5日反叉40日,绝佳冲高卖出时!

4. 盘中买卖篇

集合竞价很重要,盘中更要量跟上,量比超过2.5,主力开始动手了。

上来先冲3.5，千万别急乱追涨。回落不缩量，反身再冲上，打横走一走，买它没商量。

放量上，再缩量。过不过顶看二样。上冲角度要更陡，单笔买量更要强，不然就算冲顶过，也是卖它没商量。上冲超过7%，不追宁等它涨停。涨停之后若打开，能否封上看开单，单笔开单过万手，就算再封也卖出。盘中买卖关键点，一是量来二是线。

林园的炒股神话

说起林园,股市中人普遍不会陌生。这个如今50岁出头的陕西汉子,当初怀揣8000元进入股市,在2006年10月底,林园持有股票的市值已达到20亿元,毋庸置疑地奠定了其"民间股神"的美誉。

为了更有针对性地了解林园的炒股之路,我们来看一段记者采访林园时整理出的记录,为广大投资者朋友提供借鉴。

记者:林园先生,您的性格为什么如此适合价值投资呢?做投资的话,急性子的人行不行?

林园:我从没说过自己是价值投资。急性子的人做投资也是行的,我自己也是急性子。

记者:请谈一下您对一个企业的定量指标,以及定性指标。

林园:我看企业时,首先看大方向。企业能不能把规模做大很重要;还要看产品的受益人群是不是足够大;财务指标方面,主要是毛利率要稳定,或者趋升。

记者:请问投资时,选择什么样的公司的股票最好?

林园:这要看公司本身的素质。我投资的公司都是赚钱机器,甚至是"傻子"都能经营的公司。如果一个公司仅靠人的力量才能做好,而不是靠某种稳健的制度做支撑，我一般不会选择这种公司的股票。

记者：请问您的生活目标是什么？您所满意的或者追求的生活状态是什么？除了投资以外，您觉得还感兴趣或者有意义的事情有哪些？我只是想知道，像您这样比较成功的投资人士，除了和投资相关的，还关注哪些，以及您对投资的执着动力来自于何方？

林园：我的生活目标就是追求个人自由，不用在乎别人的想法。我的人生标准是只要不危害其他人就行。其他感兴趣的事，第一是养生，第二是培养亿万富翁，让身边的人通过20年的努力都能成为富豪。投资的动力主要是对资本市场无比的热爱，还有一个动力是在资本市场一直赚钱，没亏过钱。

记者：请用最简单的语言定义一下投资。

林园：投资股市就等于投资企业。

记者：您是一个让我接触价值投资理念的人。在您的投资中，有关吃的行业的股票占了70%，除此以外，请问您还看重哪一个或哪些板块？您对周期性公司，是怎样看待的？著名股票投资家彼得·林奇说，对于周期性公司，如钢铁业公司，高市盈率时反而是买点，您是否认同这一观点？

林园：除了吃，还有一些人类离不开的东西，比如说，我们离不开的金融、能源、旅游、保险等。对于周期性公司，建议亏损的时候买进，盈利的时候卖出。

记者：请您介绍一下不同类型的企业如何进行估值。

林园：我们在对企业进行估值时，主要参考欧美国家成熟的估值标准。周期性和非周期性的估值标准是不一样的。

记者：请问下您认为在金融领域的上市公司，哪些公司会成为百年老店呢？

林园：金融行业的上市公司，排名前几位的都会成为百年老店。中国银行（始建于1912年）不已经是百年老店了吗？

记者：请问您怎么看待整个社会的财富聚集，除了与吃有关的企业，您还看好哪些行业可以在未来汇集较多的社会财富？

林园：这些企业主要处于能够改变人类生活习惯的行业。就中国来说的话，由于中国人多、土地平均较少，因此我也看好地产。凡是和人有关的大众消费，我都看好。

记者：您一直投资与吃喝有关的公司，但在国内，有些公司很容易犯错，从而出现食品安全问题，您在投资时是如何规避这些公司的？

林园：这需要看本质，能够一针见血。有效的规避方法就是要投资那些产品经过上百年，甚至上千年检验的公司。

记者：对于当下通货膨胀率相对较高，以及货币存在一定程度贬值的现象，请您对年轻人提一些投资建议。

林园：建议倒是谈不上，但是说实话，年轻人需要坚决进入资本市场，因为年轻就是资本，只要不借钱投资就行。总之，年轻人要早接触投资，做个懂投资、会投资的人，这会令年轻人受益终生。

记者：请问您在投资时，如何做资金的配置计划？什么时候会重创一个公司？

林园：实话实说，资金配置很复杂，一两句话说不清楚。目前，我在资金配置上，基本上都是和嘴有关系的公司，即与吃的方面有关的公司。

记者：请问您如何避免在投资中决策错误？您在投资中犯过错吗？另外，您认为在投资中决定成功的最主要因素是什么呢？

林园：说实话，在投资中犯错，到目前为止，我也是避免不了的。我说的错，是不要犯大错。我的投资是一个投资组合，通过组合把一些错误对冲掉。我所说的大错，是那种灾难性的错误。还要强调的一点是，不要借钱炒股。

记者：请问您如何看一个企业能否做大？

林园：这主要是看它的产品有没有足够的消费人群。

记者：请问有没有一个团队在背后帮您研究？如看财经类报纸或者收

集资料等。

林园：我炒股看盘时，就只是靠自己。

记者：请问您如何看待父母对子女的教育？

林园：父母对子女的教育就是要影响子女。成年人的影响很重要，要养成子女良好的生活习惯和自理能力。

记者：您的投资方式和投资逻辑，虽然看似简单，但是大部分人还是不太懂。请问在您内心里是否始终存在"信任"二字？

林园：对，我是一个相信别人的人。人与人之间如果没有信任，那就什么事也别做了。现在，回过头看，我在投资领域取得的成绩，最重要的原因来自于我的大胆。只有信任才能大胆，总是把大的经济形势往美好的方向去想，我相信，未来中国人的生活会一天比一天好。我是一个乐观的人。

记者：如果再给您一次选择的机会，请问您是否会再次选择投资行业？对于一个20出头的年轻人，您对其在投资路上有什么建议？

林园：当然，我酷爱投资这个行业。对于年轻人，首先要做自己喜欢的事。如果想发财，想做老板，想做富豪，还是要越早进入资本市场越好。

记者：请问您对国内医药行业是怎样看待的？如果希望长期投资医药行业的股票，应该在哪些细分行业里寻找？

林园：我在投资时，不管是医药行业，还是什么行业，它一定是一个消费者数量庞大的终端产品，而且要有一个大的品牌。至于以下的细分行业，我一般不参与，因为这些细分行业尚且缺乏足够的号召力。

记者：由于无法去上市公司进行调研，造成信息不对称的情况下，对我们这些小的散户投资者而言，请问该如何筛选优质股票呢？

林园：方法也很简单，关键是要落实。那就是看年报，年报里都有。

记者：一般来说，如果投资垄断行业的企业，他们的管理层可能不会那么在意股权投资的回报，同时，它们的股票也并不便宜。请问面对这种情况，您是选择先买入部分仓位，还是继续等待低价的机会？

林园：我会先买入，因为在投资中，最重要的是买好公司的股票。如果按10年以上的投资周期来看的话，好公司比好价格要更重要。

在上面的采访中，"股神"林园简要地谈了一下投资者如何选股的问题。在具体操作时，林园进一步提出，选股时可以考虑在低市盈率、高分红的绩优龙头股和确定性高的小盘股中选，同时，所选择的上市公司的财务指标需符合七大标准，即每股盈利不低于0.3元，净利润不少于7000万元，毛利率在20%以上，净资产回报率在15%以上，现金流充足（最好是账面有十几亿资金），预收账款越多越好，派息率在5%～6%。一旦用这些标准在看好的行业中找到了有价值的公司，林园就会进行长期追踪。如果投资者没有太多时间去做这项工作，林园建议从国内股市中最赚钱的前20家公司里去寻找重点企业。

另外，林园还总结了自己在20多年炒股经历中的经验，形成了6条炒股"心经"，具体如下：

1. 不必过于关注每股净资产

林园认为，能够赚钱的净资产才是有效净资产，否则可以说是无效资产，是无意义的，最多也只是"纸上富贵"，投资者难以获得实际的利益，所以，不必过于关注每股净资产，关键要看这些净资产的盈利能力。

2. 净资产收益率低于10%的不予考虑

净资产收益率高，说明企业的盈利能力强。这个指标能直接反映企业的效益，所以，林园长期以来所选择的公司，一般要求净资产收益率大于20%。可以说，净资产收益率小于10%的企业，林园一般不会选择。

3. 产品毛利率要高、稳定而且趋升

该项指标能够反映企业产品的定价权。通常情况下，林园会选择产品毛利率高、稳定而且趋升的公司。长期以来，林园的标准是选择产品毛利率在20%的企业，而且毛利率要稳定，这样的话，才能更准确地给企业未

来的收益"算账",增加投资的"确定性"。

4. 应收账款要尽可能回避

应收账款多,说明两种情况,一种情况是可以收回的应收账款,这些应收账款主要是客户的延期付款,能够顺利收回来;另一种情况是产品销售不畅,这样的话就会先货后款,以赊代销,投资者对此要小心。一般来说,林园会尽量回避应收账款多的企业。

5. 预收款越多越好

预收款多,说明产品供不应求,产品很受欢迎,或者其销售政策为先款后货。预收款越多越好,这个指标能反映出企业产品的"硬朗度"。

6. 对于利润总额要先看绝对数

利润总额能够直接反映出企业的"赚钱能力",所以它和企业的"每股收益"同样重要。通常情况下,林园选股时,会要求所买入的企业年利润总额至少要有1个亿,若一家上市公司1年只赚几百万元,林园一般不会去投资这样的公司。对于投资者来说,能赚很多钱,而且有着健康旺盛的赚钱能力的公司,才是真正的好公司。

最后,我们相信,只要每个投资者在投资之路上长期坚持,不断总结和实践,也一定能够创造属于自己的股市神话!我们期待那一天!